亲密关系

韩永华 著

北京日报出版社

图书在版编目（CIP）数据

亲密关系 / 韩永华著 . -- 北京：北京日报出版社，2023.10
ISBN 978-7-5477-4639-4

Ⅰ. ①亲… Ⅱ. ①韩… Ⅲ. ①人际关系－通俗读物 Ⅳ. ① C912.11-49

中国国家版本馆 CIP 数据核字（2023）第 118760 号

亲密关系

出版发行：	北京日报出版社
地　　址：	北京市东城区东单三条 8-16 号东方广场东配楼四层
邮　　编：	100005
电　　话：	发行部：（010）65255876
	总编室：（010）65252135
印　　刷：	香河县宏润印刷有限公司
经　　销：	各地新华书店
版　　次：	2023 年 10 月第 1 版
	2023 年 10 月第 1 次印刷
开　　本：	880 毫米 ×1230 毫米　1/32
印　　张：	6.25
字　　数：	150 千字
定　　价：	88.00 元

版权所有，侵权必究，未经许可，不得转载

序

在生活中的某一刻,男人碰到了女人,彼此爱慕,结成夫妻。他们卿卿我我,爱到不分彼此,这就是最初的夫妻关系。直到孩子出生后,由夫妻关系衍生出了亲子关系;更多的孩子来到家庭后,家里便增添了手足关系;当孩子们步入社会参加工作后,又会出现一种社会关系,比如像父母最初那样的恋爱关系。

可见,夫妻关系的美好联结,符合所有心理学的终极诉求,那就是:每个人在情感上,一直在寻找一个身体、心灵可以和自己契合的人。只有找到这个人并且拥有亲密的夫妻关系时,内心才能感到平静。如果亲密关系变得不再亲密,往往会引起一系列的连锁反应,比如,怀疑、委屈、紧张、不幸福、自暴自弃甚至最终分道扬镳,从亲密的夫妻变成熟悉的陌生人,有的甚至还会成为仇人。

营造亲密的夫妻关系是每个人的人生必修课。如何呵护和经营我们的婚姻,避免从亲密关系变得疏远甚至形同陌路,是每个人都应该好好思考和学习的。

处于亲密关系中的两个人需要情感的联结,因为只有这样的

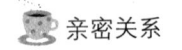

联结才能让人有安全感，才能够抵抗压力和焦虑。每个人都需要伴侣来提供保护和情感的支持，同样，每个人也需要给伴侣提供情感上的支持。

当然，婚姻中并不是只要有了情感的联结就会一帆风顺，时不时也会有令人不愉快的事情发生，诸如发生争吵。但事实上，很多婚姻破裂并不是完全因为争吵，而是因为双方在争吵后不懂得如何修复，以至于让曾经的亲密关系变得很糟糕。

在亲密关系中，一方总觉得把自己认为好的都给了对方，最后却发现自己的付出并未得到对方的积极响应，甚至对方根本不买账。之所以会这样，完全是因为你的付出和对方的需求不匹配，也就是你没有真正满足对方的需求。看清了伴侣的真正需求，比如，你付出爱，他惦记的却是你的钱；你尊重他，他却只把你当赚钱的工具……这样的关系也就失去了继续存在的意义。以"爱"的名义去绑架对方，掌控、打压、索取、批判，甚至家暴……最后只能不欢而散。

现实生活中，有的人在情感出问题后，理直气壮地说对方没有满足他的需求、说对方不够懂他，将一切问题都归咎于对方。这是不对的，好的伴侣是你懂他的需求，他懂你的渴望，双方都有着同样的目标和理想，彼此鼓励，彼此成长。

婚姻，是两个人组建新的家庭，是一个温暖的港湾。你面对外界的风风雨雨时，有一个人给你撑伞；你内心感到灰暗孤独时，有个人坐到你身边给你一个温暖的拥抱；你成长蜕变时，有一个人能真正为你感到开心和喜悦……爱和包容都会不断给对方提供"养分"，一旦得到滋养，我们就能浑身上下充满了力量，拥有更大的动力和更强的生命力。所以，真正的亲密关系就是，不将彼此禁锢在方寸之间，更不会把对方困在柴米油盐之内，而是做对方的翅膀，帮助自己和对方飞得更高更远。

基于这样的初心，我决定写作本书，从最初建立情感到彼此能够设身处地地为对方着想的共情，以及用爱的语言进行有效的沟通，最后成为真正身心合而为一的爱侣关系，从而揭秘亲密关系的真相。

如果你想了解有关提升亲密关系的知识，可以翻阅本书；如果你在亲密关系中遭遇了未愈的伤痛，也可以从本书中获得疗愈。

爱不是一个字，爱是行动，是语言，是理解，更是认知。只有真正懂得了如何去经营感情，才能拥有和谐幸福的婚姻。

最后，祝福每一个走进婚姻的人，都能收获幸福！

目录

起点篇：
　　情感启示录，你就是我的同心缘钥匙

第一章　恋爱备忘书："嘿！初次携手，请多关照！"

从今天起，用正念构造我们的爱意思维吧　　　　2
开启魔幻盒子：当理想遇到爱情　　　　　　　　7
就这么简单！爱你，就是了解你　　　　　　　　11
幸福编程：嘿！别忽视了你的"爱情数据"　　　　15
"安全效应"还是"危机效应"　　　　　　　　　19

第二章　晴转小雨，"相濡以沫"还是"相合以默"

在信任遭遇"捕鼠器"的第一天　　　　　　　　24
当你的恐惧藏匿怀疑时　　　　　　　　　　　　28
权利平等："我该为你做什么？"　　　　　　　　32
厮守协议：一种关于爱的协调合作　　　　　　　36
那些藏匿在非语言系统中的秘密　　　　　　　　39

1

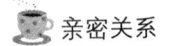

共情篇：
博弈加融合，幸福伴侣的多重诠释

第三章　纵使人生诸般选，"定值"伴侣最相宜

情绪元宇宙：抛开自我防线的接纳　　46

催化多巴胺，优化好你的爱意角色　　52

需求共存：亲爱的，我知道你想要什么　　58

一个关于"悟性"和"行动"的故事　　61

原来"陪伴"和"耳朵"这么重要　　66

第四章　摊开掌心纹路，那张属于我们的爱情地图

亲爱的，这次你说了算　　71

超强吸引力，一起成为高情商伴侣　　76

极致承诺："为你，我永远不会弃船逃生！"　　82

荷尔蒙触碰，渗透肢体的爱的语言　　87

助力回归！快从"军师"回归爱人吧　　91

沟通篇：
爱情转运清单，那些有必要铭记一生的沟通技巧

第五章　开放式谈话："亲爱的，我永远不会背对于你！"

我们的冲突，同样具有建设性　　　　　　　　　96

"你"还是"我们"？一起来制定争吵规则吧　　103

什么是撕毁关系的隐形契约　　　　　　　　　109

这才是亲密对话的艺术　　　　　　　　　　　114

辨别分歧，提前发布僵局前兆　　　　　　　　120

第六章　化解僵局，"别怕！我们将学会和问题一起生活！"

小心，别中了流沙效应　　　　　　　　　　　125

没错，我们就是这样感受对方的感受的　　　　130

修复裂痕，治愈我们的爱　　　　　　　　　　134

没关系，缺点不是爱的局限　　　　　　　　　137

"冲突急刹车"，先抛出你的"理解橄榄枝"　　141

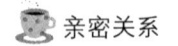

合流篇：
感情留声机，为了那些不该省略的浪漫循环

第七章　经营彼此的心，那是我们的共有财产
　　自我安抚与互动安抚　　　　　　　　　　　148
　　构建喜爱和赞美的坚固堡垒　　　　　　　　153
　　解决冲突的工具箱：弥补、协调和满足　　　158
　　爱人、亲属、朋友　　　　　　　　　　　　162
　　即使存在错误，也别让对方走投无路　　　　165

第八章　信赖评估，一段关于"我"和"我们"的爱情成长史
　　当他说："我希望你和以前一样！"　　　　　169
　　不如一起来处理过去吧　　　　　　　　　　174
　　评估彼此的爱，为挑战喝彩　　　　　　　　177
　　情节回忆录，在历史中寻觅美好　　　　　　180
　　爱的供应者和爱的保护者　　　　　　　　　183

起点篇：
情感启示录，你就是我的同心缘钥匙

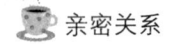

第一章
恋爱备忘书:"嘿!初次携手,请多关照!"

从今天起,用正念构造我们的爱意思维吧

生活中,我们总会遇到这样的时刻:看到一对新人携手走进礼堂时,你会在心底默默地升起一丝祝愿和期许。前段时间,当我再一次见证一对恋人的婚礼时,突然脑海中闪过这样一个念头:"伴侣对于彼此,是一种爱意下的生活架构,那么伴侣之间如何实现联系彼此,成为灵魂伴侣呢?"

在开启婚姻关系之门的那一刻,很多伴侣都说自己要幸福,但幸福究竟是什么?爱的意义究竟如何?根据我个人多年的经验,很少有人能把这两个问题说清楚。

很多人都说两个人相处,就是为了从对方那里获得更多的温暖。这一生中,我们需要在世间寻到一个另外的自己,然后将二

者用爱的胶水黏合起来，这样彼此的灵魂才会完整。这听起来似乎很浪漫，但若将这种浪漫活成生活的日常，给予要多，而不是要求更多。

这时，有人可能会不太高兴，心想，为什么要在我大喜的日子泼冷水，难道这种浪漫还不能诠释爱情吗？当然不能！因为你对对方的期许太多，对对方的要求太多，你的欲望在不断地给爱"上纲上线"，认为爱原本就应该被一系列的"你应该"填满，如果对方无法兑现你心中那些"你应该"，你很快就会因为情感的失落而沦为一个受害者，认为对方不够爱你、不够关心你，你们之间的爱情也因为"伴侣"这个身份变了味儿。

抱持对方"你应该"这样的思维逻辑，显然是错误的。即使是情感联系再紧密的人，也是两个独立的个体，强制对方按你的逻辑思考，无异于要求伴侣自我扼杀，他虽然可以满足你的要求，却会失去自己。这种爱情是不合理的，甚至算不上爱，只是一种自私的索取表现。

"希望从对方那里得到很多"的紧迫感很可能会把对方掏空，即使他不遗余力地去迎合你的需求，你依然会觉得你们之间的感觉出了问题，直到有一天你脱口而出："当初那个自信、大胆而富有魅力的男人（女人）去哪儿了？"这时，对方也只能一脸困惑乃至愤恨地看着你说："所有的一切还不是拜你所赐？"

所以在本书的开篇，我觉得有必要跟大家探讨一种思维，一种关于爱的思维，它或许就是黏合两个灵魂的胶水，能让彼此感受到温暖，不至于将情感视作沉重的负担。

那么，先让我们来思考这样一个命题：你觉得爱应该是得到，还是给予？是控制，还是自由？是欲望，还是接纳？或许有人会说，如果两个人没有在一起的欲望和意愿，在一起还有什么意义？我想问的是，你愿意在对方的不断给予中寻找快乐，还是如果有一天对方不能给予了，你也希望他快乐？如果你内心出现了一种本能的不满，觉得一旦被对方忽视，就会本能地产生不良情绪。那么，亲爱的，你的大脑极有可能会因为你的情绪去编织电影，在某个时间段，将对方所有"对不起你的事"全部回忆一遍，然后回想各种争吵和不愉快的场景，而就在此刻，即使什么事情也没发生，你也已经为你们之间的不和谐境遇埋下了伏笔。

爱中夹杂太多的欲望，就会造成恐惧；而恐惧一旦泛滥，就可能引发愤怒。接下来，愤怒会转化为伤害，伤害会转变成难过，难过会隐藏于深邃的记忆中，成为两个人情感之路上不能言说的伤疤。即使对方在对你好时，会将这种不愉快很快忘记，但只要两人之间出现了分歧，这种伤害很可能在几十年内都挥之不去。

可见，爱这件事，最核心的内容是认清爱的本质，因为只有明白什么是爱，才能用正确的方式去爱别人。

爱的缘起确实来自好感，但如果两人愿意长久在一起，核心的内容还是能够最大限度地给予对方快乐，而不是想从他的生命中索取东西。而当你下意识地想从外界索取时，除了会让对方因这份索取感到窒息外，只能证明你的内心不够强大。你知道自己无法从内在获得绝对意义上的安全感，也不能以绝对安全的方式给予对方最大的安全感，这种不安全感带来的隐患，就是伴侣陷入不断争吵的元凶：你觉得只有对方给你更多，你的安全感才会更足。

事实上，在这个时候，不管对方采取什么方式，这种满足感都是暂时的，而你只能深陷于不安和自我怀疑中，于失落中一步步丧失自己本来的样子。而这"本来的样子"很可能就是你们相识那一刻最受对方青睐的地方。

那么，究竟什么才是婚姻中的正念思维呢？其实就是不要强求对方，而是先做好自己。因为婚姻就是一次自我提升的经历，只要自己内心足够强大，充满安全感和爱……无论选择跟谁在一起，都能过得很好。如果你跟一个知根知底生活了很多年的人（丈夫或妻子）都相处不好，如何能跟一个陌生人生活得更好？又怎么能确定面对下一个人时，你不会重蹈覆辙？

亲密关系就像一面镜子。伴侣就是你的镜子，通过这面镜子，你就能看到自己的样子。如果你看到配偶不理解你、不体贴你、不包容你的各种情绪，一定程度上说明正是你自己让对方变成了这个样子。你渴望对方变成你心目中完美的样子，但连你自己也做不到那个"完美的样子"；你看到的都是对方的缺点和错误，对方的不理解、不体贴和不包容，却看不到自己的情绪发泄会让这段亲密关系不断分离、不断疏远，直到最后分崩离析。用"婚姻不是一个人的事"这样的思维去看待问题，而不是总想着从对方身上找到问题的症结，这就是亲密关系中的正念思维。

你与他人的关系归根结底都是与自己的关系，只要解决了与自己的关系，也就解决了你与他人的关系。只有与自己和解，才能与别人和解，而与自己和解的方式就是打开自己的心。

现在，我们就以旁观者的姿态，将其与自己的当下一一对号，然后闭上眼睛，深刻地了解一下自己……

开启魔幻盒子：当理想遇到爱情

真正的亲密关系往往是理想遇到了爱情，即爱人之间既有爱情又志同道合，经受住岁月的考验，彼此的感情历久弥坚。这种理想与爱情的相互滋养，也往往被人们称为"灵魂伴侣"。

在物质层面，很多人都在为了生存而奋斗，过着所谓名利双收、物质优越的生活，但夜深人静时问问自己：你孤独吗？痛苦吗？无助吗？有没有莫名的伤感？是否无法控制自己情绪的波动？如果答案是肯定的，那就说明你还没有找到一个与自己同频的爱人。你与伴侣各自肩负的使命不同，无法真正达到彼此同频，自然也就无法体验到伴侣带来的幸福感与价值感。而这也是一个人内心深处最高的需求，是物质满足无法给予的。

得到志同道合伴侣的过程，涉及认同、共鸣和精神使命等三个方面：理解彼此的想法，认同彼此的行为，精神上高度契合，思想上彼此影响，对同一问题的认识高度一致；懂得彼此的需求，"心有灵犀一点通"，你说上句对方就知道下句。因为我们需要的不仅仅是与一个异性组成的家庭，而是要找到一个可以进行内心沟通的灵魂伴侣，两人精神层面高度一致，便能平等地践行爱的使命。当你感到迷茫时，对方会帮你分析你所面临的问题，做你的指路明灯，让你知道接下来该怎么走、该如何做。

志同道合的伴侣关系是你中有我，我中有你，合二为一，能创造出源源不断的巨大能量。

当理想遇到爱情，亲密关系呈现出来的状态便是：美美与共，和而不同。当你还在犹豫现在和自己在一起的这个人是否符合自己理想伴侣的标准时，就会越来越厌倦现在的生活，你的感情和婚姻也会生出迷茫和痛苦，急切地想找一个理想伴侣来摆脱这一切。其实，只有自己活成理想伴侣的样子，才能识别、塑造或者影响对方，使其成为理想伴侣。

普通人都想拥有一位懂自己需求的伴侣，交流时两个人什么都不用说，只要一个眼神，对方就能心领神会。那么，这种志同道合的理想伴侣该怎样打造呢？

首先，两人要有很多共同点。理想伴侣并不是性格完全相同，爱好趋于一致；不是收入对等、地位相当；不是年龄差距小，颜值也相当。而是心灵的感悟、认知和价值观有很多共同点，可以互相学习、提升彼此，可以在第一时间感悟到对方的"心"。

其次，理想伴侣会产生"心有灵犀一点通"的感觉。如果两个人深爱着彼此，就会变得很默契，仿佛彼此都懂得对方的所想。

理想伴侣，会让彼此心灵不再孤独，人生更加完美。只有遇到理想伴侣，你才能感悟到婚姻的美好与幸福。这种状态就是"美美与共"，还能互相帮助、互相信任，接受彼此的不完美，共同成长、彼此成就、彼此滋养，形成"和而不同"的互补状态。

人生就是一个不断匹配的过程，是自己与他人价值观和世界观相互匹配的过程。理想遇到爱情打造出来的亲密关系，就像梁实秋说的那样："理想的伴侣须具备许多条件，不能太脏，如嵇叔夜'头面常一月十五日不洗，不大闷痒不能沐'，也不能有洁癖，什么东西都要用火酒揩，不能如泥塑木雕，如死鱼之不张嘴，也不能终日喋喋不休，整夜鼾声不已。不能油头滑脑，也不能蠢头呆脑，要有说有笑，有动有静，静时能一声不响地陪着你看行云、听夜雨，动时能在草地上打滚像一条活鱼！"

当然，理想的伴侣十分难遇，更需要彼此调适与匹配。所谓调适与匹配，就是如果你爱一个人，就不要想着去改变对方。为什么很多人相信有理想伴侣，却又有很多人认为自己的伴侣不够理想呢？主要原因就在于，对方没有做到"我"所期待的。而这种期待仍然是由想要改变对方而不想去适应对方造成的。

对他充满期待，就会希望他做出改变，而不想改变自己。在这个世界上，最难的就是改变他人，而想要按照自己的想法去改变别人更是难上加难。山可以被削平，海可以被填实，树可以挪个地方，房子可以从北移到南……自然界的很多东西都可以被人为地改变，但人类是自然界中最有头脑和思维的物种，想要改变他们非常困难，只有改变自己，才是最有意义的。而且如果一个人真能改变自己，说明他已经具备了强大的自我控制力，不会让别人来适应自己的想法，而是设法去适应别人。

这既是一种智慧，又是一种善良。

真正的灵魂伴侣，除了能在沟通上与你同频，还是能够和你一起探求生命真谛的人。而一起探求的生命真谛共涉及三个要素。

1. 有"灵魂"

想要找到灵魂伴侣，必须得自己先有"灵魂"。这个"灵魂"代表有趣、有自我价值，而不是浑浑噩噩、一无是处，如果自己不理想，又怎么能找到理想的另一半？

2. 要有爱的能力

有些人即使遇到了理想型的人却认不出来，把握不住，主要是因为他缺少爱的能力。

3. 拥有福气和智慧

人与人各有不同，要想遇到跟你灵魂高度契合的人，不仅需要运气，更需要有精心呵护的福气和智慧。

在理想的亲密关系中，不仅双方都明白自己真正想要的是什么，知道自己想要的是什么样的生活，还要将心思都放在完善自己、升华自己上，心无旁骛地朝着目标前进。如果自己的成长和提升带动了对方的改变，那就实现了理想遇到爱情的结果。

就这么简单！爱你，就是了解你

有句话说得好："唯有真知，才有真爱。"不真正了解一个人，又怎么知道自己爱的是谁？不了解对方而说"我爱你"，其实你爱的只是"你以为的那个人"。如果他是一条鱼，你爱的却是一只鸟，其实就是通过自我投射把对方投射成了一只鸟，这时候如果你说"我爱你"，其实你爱的并不是他原来的样子，因为你根本就不了解他。所以，要想爱一个人，首先就要了解对方。

我接触过不少亲密关系的案例，亲密关系里有一种比较普遍和常见的痛苦，那就是看到对方不了解自己，就感到委屈或愤怒。比如，妻子喜欢养宠物，丈夫却不喜欢小动物，甚至觉得妻子爱动物的行为是一种伪善良；丈夫喜欢加班到深夜，很享受工作带来的充实感，妻子却认为是丈夫有意疏远自己而不按时回家；丈

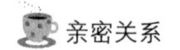

夫记不住妻子好友的名字，也不知道妻子讨厌什么，妻子不了解丈夫的爱好，也不愿意去了解他身边的朋友……这些情况的出现，多半都是因为不了解对方。相反，那些能把亲密关系经营得特别舒服的夫妻，不仅了解彼此，还熟知彼此的世界；不仅记得对方生命中重要的事件，当配偶遇到问题时还能及时提供有用的帮助。比如，妻子记得丈夫喜欢吃什么口味的饭菜，丈夫知道妻子喜欢看什么类型的电视节目；妻子知道丈夫的爱好，丈夫知道妻子的社交圈子等。

事实上，只有真正了解对方，才能真正爱对方，不了解某个人，如何能爱上他？如果亲密关系中的双方彼此了解，不仅能擦出爱的火花，还能用正确的方法去面对婚姻中的摩擦，去欣赏婚姻沿途的风景。

有一对小夫妻，刚结婚那会儿生活得很幸福，节假日他们会一起出去旅游，了解对方的工作状态及人际交往情况，知道对方的个人喜好和生活习惯。两年后孩子出生，这个突然降生的小生命并没有打乱原本的生活节奏，他们平稳地度过了最初的烦躁期和忙乱期。主要原因就在于，他们会主动了解对方身边的琐事，关注对方的情绪，并能在第一时间回应彼此的感受和想法。两人的感情与日俱增，从未偏离航道，即使遇到类似有了孩子这样的家庭事务，他们的婚姻也没有迷失方向。

后来，妻子打算暂时放弃工作回归家庭全职照顾孩子，丈夫并没有因为妻子没了收入而忧心，因为他了解妻子的性格，知道她是一个懂得权衡轻重、把重要的事情放在第一位的人，在该带宝宝时选择回归，等孩子再大些就会继续工作。他知道自己是家庭的经济支柱和情感支柱，在妻子抚育孩子时，他努力工作，保障经济来源。最终，两人顺利度过了为人父母的角色转变，没有忽视彼此，也没有忽视他们的婚姻。

与之相反，还有一对小夫妻，他们在孩子出生后，妻子还没出月子，就和丈夫离婚了。原因很简单，就是因为彼此不了解而产生了矛盾。妻子是南方人，丈夫是北方人，南方人坐月子的方式和饮食习惯与北方有很多不一样处，两人都认为自己的理念是对的，都不想妥协，最终只能分开。

可见，孩子的出生只是导致夫妻双方迷失方向的事件之一，其根源还在于他们之间的不了解。而婚姻生活中的任何改变都会导致婚姻的破裂，比如，工作的变动或生病等。

那么，什么样的状态才是真正了解对方呢？你可以问自己以下一些问题，如果都能回答"是"，那么你就是了解配偶的人；如果多数回答都是"否"，那你就是不太了解配偶的人。

（1）你能说出配偶最好的朋友的名字。

（2）你知道最让配偶感觉恼火的人的名字。

（3）你知道配偶目前有哪些压力。

（4）你非常了解配偶的爱好和信仰。

（5）你能列出配偶最喜欢的电影或音乐。

（6）你了解配偶的压力，或对方了解你的压力。

（7）你知道配偶生活中最在意的事情。

（8）你能说出配偶小时候最害怕的事情。

（9）你觉得自己非常了解配偶或对方非常了解你。

（10）你能列出配偶最想实现的梦想和志向。

如果回答"是"超过七项，就表明你们是彼此非常了解的亲密关系；如果回答"否"超过五项，说明你们的亲密关系还需要改善，或许你们并没有真正了解对方或试图了解对方。

无疑，处于亲密关系之中的两个人，只有真正了解彼此，才会产生愉悦之情。知道对方所思所想，知道对方爱好、恐惧、担心和满足的事情，双方才会下意识地去做一些让对方高兴的事，从而避免做出让对方产生不快的事情。如此，感情才能更加牢固。

爱和信任的基础是了解，只要彼此想要了解对方，就说明彼此对对方有兴趣，了解得越多，就会越"懂"对方，越能更好地呵护感情和两性关系。如果目前你还不是真正了解配偶，可以试着做一些简单的练习，让对方猜几个问题或做些小游戏，猜的次数多了，自然就了解得更多一些。如此，你越了解对方的内心世界，你们之间的夫妻关系也就越和谐，回报也会越丰厚。

幸福编程：嘿！别忽视了你的"爱情数据"

尽管两性建立起来的亲密关系是一门高深的学问，但研究这方面的专家也收集了不少关于爱情的数据。提前知晓一些"爱情数据"，有助于更好地维系双方的关系，进而能明白：为什么有些婚姻成功了，而有些婚姻却失败了？即使爱情数据无法做到百分之百的准确，也能为不少人提供参考和借鉴，让他们找到更多的营造亲密关系的方法。

1. 幸福婚姻无须智商，而在于情商

能够获得幸福婚姻的夫妇，并不比其他夫妇更精明或更富有，主要是因为他们在生活中找到了生活的动力。在这个动力的推动下，他们总能找到对方的优点加以鼓励，而不是每说一句话或每做一件事都采用消极和打压的方法。这个动力就是婚姻的情商。

什么是婚姻的情商呢？看下面这个案例：

丈夫被降了职,妻子心生不满,吃饭时就对丈夫展开了说教,老公忍不住回道:"我是你老公,又不是你的下属,你怎么能像说教下属一样来说我呢?"

妻子接着回怼:"我根本就不会有像你这么笨的下属,如果有,我肯定会把他开了。"

丈夫更加不乐意了,说:"你的意思是分分钟都看我不顺眼呗?"

妻子不仅没有收住话锋,反而更加生气地说:"我就是对你不满意,下属能开除,丈夫却只能砸在自己手里。"

听了这话,丈夫来了情绪,紧跟着一句:"既然这样,就把我开除好了。"

"怎么开?"妻子咄咄逼人。

"离呗!"丈夫也不示弱。

原本很简单的一件事,因为夫妻双方都不具备婚姻中的高情商,仅用了几句话,就把两人推到了离婚的边缘。妻子用生气的态度、教训的语气跟丈夫交流,丈夫受不了妻子一次次的语言攻击,不得不进行还击。这种低情商的沟通方式,不仅无法解决问题,还会伤害彼此之间的感情,撞出婚姻的裂缝。拥有高情商的夫妻,他们往往更懂得相互理解、欣赏与尊重,获得幸福婚姻的概率往往也更大。

2. 亲密关系是一个变量

没有一成不变的爱情，也没有从始至终保持新鲜的感情。婚姻中有一个被大家熟知的"七年之痒"定律，这个定律认为，初婚夫妇在结婚后的第七年离婚率会高达65%以上。所以，为了保持婚姻的稳固，我们都需要加倍努力。

七年之前你看到的爱人，不一定是完全真实的人，七年后见到的另一半，才是相对真实、完整的伴侣。只有不断地妥协与理解，保持不断解决问题的状态，婚姻生活才能越来越好，才能顺利度过"七年之痒"，从不断变化的过程中收获更加坚实的爱情与婚姻。

3. 钱是最大的分手原因

夫妻矛盾虽然不能直接跟"钱"挂钩，但如果配偶双方不能就如何花钱和如何为共同的家奉献力量达成一致意见，在一方赚得多而一方赚得少时，就容易发生争吵。抱着"谈钱伤感情"的观念，伴侣之间就不会谈论彼此的收入，但事实上，夫妻双方谈论金钱的态度和婚姻的满意度之间具有显著的关联性——大约80%的幸福婚姻的伴侣都了解彼此的财务状况。

夫妻双方在金钱方面足够坦诚，在感情中就能感受到足够的安全感，彼此也会多些信任和合作。夫妻之间谈钱并不是要将资产合二为一，而是要建立一个共同账户，用于经营生活与家庭的日常开销。同时，还要保留自己的独立账户，维护自己的经济独立和经济安全。另外，伴侣之间还可以建立一些"度假基金"或"愿望基金"，一起为共同的愿望来存钱或努力，这也是保持爱情新鲜感的好方法。

4.幸福的婚姻让人更健康、长寿

婚姻幸福，人的心情就会愉悦。

从1938年开始美国哈佛大学对七百多人开展了追踪研究，年复一年地记录他们的工作、生活和健康状况，至今已长达八十多年。追踪结果显示，亲密的夫妻关系不仅能减轻衰老带来的痛苦，还能减轻身体疾病的痛苦，同时还能延缓记忆力的衰退。相反，那些在婚姻关系中不快乐的人，身体会出现更多的不适感，引发更多的症状，记忆力衰退得更早。

5.爱情需要浪漫滋养

为了获得健康的身体，有些人会选择健身，同样如果想拥有美好的爱情，也要抽出时间来"锻炼婚姻"。

在爱情关系中，男女双方一般都渴望拥有更多的浪漫。因此，为了让爱情更甜蜜，无论是情侣还是老夫老妻，都要将浪漫维持下去，日常生活中的一些微小举动，都能营造出浪漫的氛围。比如，一次热烈的亲吻、一次深情的拥抱、一张爱的留言条、一个充满深情的眼神，都能给普通的一天注入一剂拉近彼此的强心剂。这种浪漫养分的滋养，就如同抽时间为婚姻进行了锻炼。

浪漫的表达方式有很多种，但前提是满怀真诚和对彼此的爱，最甜蜜的莫过于发现爱人想让自己开心。这也是浪漫的本质。比如，重视生活的仪式感，遇到特殊的日子，彼此赠送礼物或吃烛光晚餐，都是对爱情的滋养。

拥有美好的爱情，即使面对挫折，也能对自己充满信心。在我看来，不同的读者，会有不同的思绪穿越和意境重叠，但有一点似已渐渐明朗：爱情的温暖与幸福，都来自不变的陪伴和守候。"可否痴心一片，你我一生不变"——这或许便是"爱情数据"蕴含的感动。

"安全效应"还是"危机效应"

所谓"安全效应"，是指婚姻中的双方追求的东西以一方超越底线的付出为代价，表面上看似给了对方安全感，实际上这些没有原则和超越底线的付出会让自己少了安全感。

处于亲密关系中的两个人,就像天平的两端,左端付出一点儿,右端为了平衡关系,就会付出更多一点儿,而为了让双方之间的关系维持平衡,左端还需要再增加一点儿。如果一方拼命地往天平的一端加码,天平就会倾斜,婚姻就会出现问题。德国心理治疗大师海灵格称,最好的关系就是彼此慷慨地付出和坦然地接受,通过交换的方式,使夫妻关系达到一种平衡,且彼此都能感受到自己在婚姻关系中的价值。

在婚姻关系中,一方超额付出,可能会带来两种后果:一种是付出者觉得不甘而心生抱怨,另一种是接受者感到压力巨大。比如,有些女性惯用的心理防御机制"我要努力照顾家人和爱人,为家庭付出越多,就越不会被抛弃",就是一种典型的"安全效应"。为了照顾孩子和家人,她们放弃了工作和圈子,放弃了朋友和自己,以为这样就是对丈夫的爱,殊不知,这种放弃越多,安全感就越弱,生怕对方不能给自己以对等的回馈,继而产生"我为了家""我为了你""你这样做对不起我"等抱怨。即使没有抱怨,她们也会用一种居高临下的姿态凌驾于对方之上,让对方感到压抑或难受。

在两性相处的过程中,如果一方只付出而不接受,那另一方很可能就会不想再接受;一方付出得太多,超过了另一方报答的意愿和能力，这种关系很可能就会快速结束。所谓婚姻，其实是两个独立的人选择了在一起的生活方式，彼此温暖，相互依靠。以其中一方超越底线的付出为代价，当一方因为给予太多而失去自我或让对方失去自我时，不仅会感到疲惫，还会给婚姻带来沉重的负担。

爱，不是要求别人牺牲，更不是牺牲其中一个人去满足另一个人，即使你再深爱一个人，也要保持独立，不能爱到没有自我。无论是感情还是生活，做人做事一定要有自己的原则和底线，你都不爱自己了，他怎么可能会珍惜你？恰到好处的付出，确实会让另一半对你心怀感激，并对你更加珍惜，但付出太多，只会让这份爱逐渐失重，超出你们所能承受的范围。无底线的付出，很可能就是造成你们婚姻分崩离析的真正元凶。

与"安全效应"相对应的是"危机效应"。

所谓"危机效应"，就是婚姻需要有危机感。从心理学角度来说，当我们对一个人感到极度安全时，你对他的注意力就会从他的身上转移到别的人或事物上。简单来说，如果配偶让你感到极度安全放心，你对他的注意力就会转移到别处，要么转移到别人身上，要么转移到别的事物上，最终你对他的注意力就会慢慢变少。

就像电视剧《我的前半生》里的主人公唐晶说:"两个人在一起,进步快的那个人,总会甩掉那个原地踏步的人,因为人的本能,都是希望能够更多地探索生命生活的外延和内涵。"好的婚姻需要适度的危机感,需要制造一种不让人轻易甩掉的"惊喜与成长",让对方能够持续地在你的身上投注耐心和注意力。

只有具备足够的耐心,你才愿意听对方说话,才愿意跟他讲心里话,愿意跟他进行沟通和交流。反之,对爱人缺乏注意力,不仅会对他没有耐心,不愿意与他沟通,甚至连他提出的正确观点,也会予以否认。

对爱人有耐心,你就能察觉到他的情绪状态和内心想法,进而调整自己的情绪去迎合他的情绪,他高兴你就高兴;同时,你也愿意说他想听的话,做他喜欢的事,你们的感情也会更加和谐。少了耐心,你就不会用心地察觉爱人的内心想法和情绪状态,自然也就不会理解和懂对方。

婚姻需要适度的危机意识,也就是"危机效应"。有了危机感,才能给爱人更多的注意力、细心和耐心。对另一半失去注意力,爱人之间的沟通和交流就会变得越来越少,有些人甚至还会觉得对方多余,继而引发感情问题。

总之,婚姻中既需要安全感,也离不开危机感,婚姻生活太过安逸，就会失去应有的危机感；安于现状，就会渐渐落后另一方成长的步伐。我们绝不能因婚姻关系的建立而放松警惕，既不能无原则和无底线地付出，也不能对婚姻没有任何危机意识。即使婚姻让你感到舒适，也要有危机感。不尝试提升自己，不让自己变得有价值，满足于婚姻的现状，把安全感放在爱人身上，迎接你的很可能只是生活的继续，而不是幸福美满的婚姻。

第二章
晴转小雨,"相濡以沫"还是"相合以默"

在信任遭遇"捕鼠器"的第一天

心理学家约翰·戈特曼在他的《爱的博弈》一书中,将亲密关系中的伴侣互动方式归类为三个盒子,分别是美好盒子、中性盒子和糟糕盒子。

在美好盒子中,情侣表现出来的情绪和行为都是积极的。比如,愉悦、认同、兴趣、同情、激动、幽默、欢笑等。情侣发生冲突时,能够在最短的时间内,以平和及友爱的方式回应对方,使双方很快冷静下来。他们彼此信任度非常高,也懂得如何使用正确的方式来让关系得到重建和修复。

在中性盒子中,配偶双方表现出来的行为和情绪既不积极也不消极,遇到冲突时一般会采用较为平静的方式,不会使用积极的修复技巧，但会用更加平静的方式得到对方的回应，效果往往都不错。

在糟糕盒子中，配偶双方表现出来的行为一般是消极的，包括发火、指责、争吵、悲伤、失望、轻视等。如果某一方进入糟糕盒子中的时间太长，就会被消极情绪所困，最终以变得筋疲力尽而告终。简单来说，就是双方因为糟糕的情绪和消极的表现方式而渐渐消磨了信任，只能进入了"捕鼠器"的状态。

陷入这种模式，配偶双方就会争吵不断，不管他们如何努力，不管彼此说什么，最终都难以达到理想的效果。不过，在出现不可收拾的结果之前，彼此都想得到对方的理解与支持，因此在信任遭遇"捕鼠器"的第一天，要去捕捉伴侣发出来的理解与支持的沟通邀请。比如，两个人陷入争吵或冷战时，一方提出"我也不想跟你吵，因为我爱你"时，另一方如果能解读到对方的潜台词是"我需要你，我不想把关系弄僵"，给对方一个拥抱或倒一杯水，就能使原本的僵局得到缓和。

现实中多数配偶之所以会越吵越凶，即使是一件小事最后也能上升到不可收拾的地步，往往都是因为当一方表达出和解的需求时，另一个人没有给予积极的回应，甚至漠视或没有读懂，忽

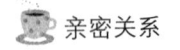

视了对方的需求。正确的做法应该是，在矛盾产生的初期，配偶之间要用正确的方式说出自己的感受、需求和愿望，不能陷入抱怨、指责或争吵，更不能试图把所有的责任都推到对方身上。

在表达和沟通时，很多人最常犯的错误是，要么是有了情绪或需求不说，闷在心里，实在忍不住了就爆发；要么是用指责和抱怨的方式表达和沟通。隐忍伤害自己，指责和抱怨会伤害对方，只有正确表达自己内心的感受和感情，爱人才会理解你、体谅你，矛盾也会减少很多。

缺乏述情能力的人，一般都不会表达自己的感受，爱侣也就很难感受到他内在的真实感受，不知道如何做才能让他开心。他们无法清晰地表达自己的想法，或者明明想表达一种诉求，最后却变成了一种情绪的宣泄。试想这样一个场景：

在外受了委屈的妻子，回到家对丈夫发脾气："你能不能把你的鞋子摆放好！东倒西歪成什么样子！"

丈夫也是刚回家，心情也不好，立刻回嘴："放那里碍你什么事儿了？"

接下来会发生什么？不是激烈的争吵，就是互不搭理的冷战。但无论什么形式，都会影响夫妻感情，使矛盾升级和激化，最后进入"捕鼠器"的状态。如果妻子进门时直接把自己的感受说出来:"我今天心情太糟了,看到家里乱糟糟的,你乱扔鞋子让我更烦躁了",丈夫多半都能体谅妻子的心情,不仅会把鞋子收拾好,还会安慰妻子。

述情的魅力就在于此。同样的意思,使用不同的表达方式,效果就会不同。通过述情,告诉对方自己的真实需求和感受,也就给了对方了解自己的路线图,遵照这张图,对方就能更好地理解你的意图,进而理解你,减少不必要的矛盾和分歧。

记住,伴侣向你发出邀请时,你应该选择面向伴侣而不是背向。比如,配偶跟你说:"你注意到没,咱们家小区最近又搬进来了一个新人。"或者说:"你看咱们隔壁挂牌了,他们家在卖房子。"你就可以说:"是啊,我也看到了,不知是什么样的人搬进来,等我们有时间去认识一下。"这就等于接住了伴侣的邀请。这种面向伴侣,其实就是表明我愿意跟你一起做事,我愿意听你讲话,我愿意回答你的问题,我愿意跟你在一起……亲密关系中的信任越多,对彼此的关爱也就越多。信任,并不是存在于两个人之间的模糊不清的品质,当双方愿意为了对方的利益而改变自己的行为时,信任也就产生了。

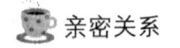

当你的恐惧藏匿怀疑时

信任之所以会遭遇"捕鼠器",往往是因为夫妻之间有着很重的猜疑心,而猜疑的背后是恐惧。如同"当夫妻在争吵时,就是恐惧与恐惧的对决"这句话,男女双方从单身结为佳偶后,也就开始了朝夕相处的生活,在锅碗瓢盆的碰撞中很容易出现无端的猜疑。

在夫妻相处的过程中,之所以会产生恐惧和怀疑,不外乎如下几个原因。

1. 缺乏安全感

如果一方的条件、外貌、文化水平及经济收入等低于对方,就会不自觉地产生一种自卑意识,继而缺乏安全感,会让他害怕对方不爱自己或移情别恋,或者对配偶的言谈举止保持着警惕,喜欢捕风捉影、盘查询问。同时,这种不安全感还会带给对方不被信任的距离感,而这也是两个人产生矛盾的导火索。

一方渴望对方能够给予自己更多的安全感,另一方却需要对方给予足够的信任和理解,这种不同频的情感索取,会让两颗心越走越远。

2. 占有心理

很多夫妻都对伴侣有着极强的占有欲，特别害怕和担心配偶跟异性交往，无论这个异性是同事、朋友还是同学。虽然占有心理在很大程度上代表的是一种害怕失去的心理，是一种爱的解读和表现，但如果因为自己恐惧而限制对方的交往权利和自由，产生了极端的控制欲，就会使夫妻关系变得紧张，甚至会让一方因为被过度限制而产生想要逃离的念头。由此，两个人就更难真正敞开心扉、互相信任了。

比如，下班后丈夫无意中看到妻子与一个男人一起在马路上走，就顿生疑团；妻子看到丈夫与女同事乘坐同一辆出租车，就感到浑身紧张，怀疑丈夫有了外遇等。这种占有心理的背后其实就是自信的缺失。不相信自己的人，容易对别人产生怀疑，就会想着去占有；而足够自信的人，内在充满了力量，会更加相信自己，不会用假想和猜测去束缚另一个人，能真正走向平等和独立。而伟大和美好的感情往往就诞生于平等和独立之中。

3. 主观臆断

自以为是的人一般都很难听进别人的解释和观点，凡事喜欢主观臆断，只认为自己的观点是对的，不愿意接受另一半的意见，时间长了，另一半就会感觉特别累。

对人对事不放心，是一种无事实根据而盲目下结论的主观臆断的思想，也是一种不健康的心理状态，夫妻一方用这种心理去对待另一方，会让另一方觉得不可理喻。

自以为是的背后依然是心灵充满恐惧。一个人怕被别人否定，怕得不到别人的认可，就容易自以为是，只想表达而不想倾听。内心强大的人往往是倾听的高手，也是能够站在别人立场去考虑问题的人。

4.缺乏有效的沟通

针对某件事，如果夫妻双方不进行深入而及时的沟通，往往容易把小矛盾积攒成大问题，无法建立起足够的信任，容易对对方产生怀疑。事实证明，夫妻之间大部分的矛盾都源于无效沟通甚至暴力沟通。将问题藏在自己心中，经过不断酝酿发酵，最后问题就会变得愈加严重而不可收拾。

不沟通的夫妻，一般都不能坦诚相对，而不坦诚的背后依然是恐惧心理在作怪。如果一方担心自己说出来会让问题变得更糟，或者自己不具备卓越的沟通能力，认为不说比说更好，就会选择用沉默对抗，而不是用沟通去化解。

5. 想要改变对方

想要改变别人，是一个人不自信的表现。抱着这种心态出发，我们就是在攻击对方，这时候就会遇到两种情形，一个是反击，一个是退缩。反击，会让双方矛盾升级；退缩，则会以一方示弱而另一方逞强的不平衡状态出现，久而久之，夫妻关系就会变得不再和谐。长时间地退缩与妥协，会让我们对自己及伴侣累积出一种无名的厌恶感，这也是自我感开始流失的征兆。

无论这种怀疑源于何处，折射出来的都是内心的恐惧，沟通和解决问题时，就无法做到心平气和，只会让对方感到厌烦，造成心理上的失衡，使双方的关系陷入僵局。

猜疑是夫妻和睦相处的"蛀虫"，只要心存猜疑，夫妻间就会出现心理隔阂，使本来十分亲密的关系变得逐渐疏远，使夫妻感情出现裂痕，严重的还会导致离婚及其他不良后果。

夫妻感情必须建立在相互信任、相互尊重、相互了解的基础上，而猜疑恰恰违背了这些原则，它是夫妻真挚情感的杀手。婚姻中有了猜疑，悲剧便会发生，在我们身边这样的事例已出现许多。

我们都想在亲密关系中保持自己独立的个性、喜好和优缺点，来与另一半共处，但是恐惧会告诉我们，在夫妻关系里忠于自己

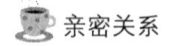

是不对的,做真实的自己,便是一个不负责任的人,会让我们成为一个孤独没人爱的人。于是,我们只能放弃自己的某些兴趣与喜好来配合伴侣,一直到夫妻双方的关系和谐融洽。

和谐的夫妻关系一般都不会让恐惧和怀疑占上风,自己跟伴侣都有各自的权利,才能改善关系、增加生活的宽度和广度。

权利平等:"我该为你做什么?"

权利平等是成就亲密关系的护照。

在亲密关系中,双方或多或少都会感受到一种力量上的差异,而舒适的爱情往往是两个人的势均力敌,是权利的动态平衡。只有权利平等,才能创建幸福和美满的婚姻。

男人和女人成为伴侣后,处于同一空间时,是完全平等的。只有彼此都承认这一点,他们的爱才有机会发展。

在伴侣的互动中,一方出现如父母一样的行为,或如同孩子一样屈服、依赖,就容易出现危机。比如,一方为了满足自己对归属感的需求,像孩子对待父母一样与伴侣相处,伴侣关系的序位就会受到干扰,最终承担太多期待的人就会退缩并离开。如果妻子对丈夫说:"你走了我就活不下去,没有你,生命对我来说就再也没有任何意义了。"男人多半还是会离开,伴侣关系多半会失败。因为任何人都无法承受这种负担,如果一方认为必须教育对方,让对方符合自己的一切要求,那么在对方心里,最安全的方法就是摆脱这个人。

在伴侣关系中存在一种交换:一人施,一人受;受者再施,施者再受。如此,才能出现良好的互动。如果一方想寻求独立,认为对方可能不是那个对的人,他就会变得少接受、少付出,以便保留自由——更换伴侣的自由。

在一段关系中,如果一个人的心智还没完全成熟,另一个人需要为此买单,那么这段关系就无法保持平衡,自然就容易出现矛盾与问题。这种情况同样也适用于一个人因可怜对方而结婚的情况,被可怜的那个人最终会因为无法平衡施与受而选择离开。

在伴侣关系中,只给对方能够接受并能够回报的东西,给对方真正想要的东西,并只给对方能够接受的那么多,这一点很重要。婚姻中的平等并不是说我做什么你一定要做什么,不是斤斤计较,而是说亲密关系中的两个人是合作关系,能够共同承担生活中的各种事务,彼此尊重对方的付出,不会比较贡献的大小,更不会以经济收入的多少来衡量个人对家庭的贡献。同时,这种平等还意味着,尊重彼此的发展和成长需求,尊重女性在怀孕和抚育子女上的额外付出,理解不是每个男性都是所谓的"成功人士",尊重彼此的志趣和理想等。

两个人如果想一直保持稳定的关系并彼此相爱,不仅要正视彼此的平等关系,还要做到以下几点。

1. 给彼此足够的独立空间

平等意味着独立,只有给对方足够独立的空间,才有更多的时间来体验关爱、唤醒欲望。比如,生活在一起的伴侣,可以在某个时间体验暂时的"异地"或分开,之后就会出现"小别胜新婚"的心动和爱意。这就是独立空间带来的重新恋爱的感觉。

2. 建立并尊重彼此的边界

"边界感"是个比较抽象的词。举个例子,两枚生鸡蛋放在一起,它们始终都是两枚鸡蛋,不管走到哪里,它们都会按照各自原本的样子存在;而一旦去除了蛋壳,它们只要一靠近,就可能融合在一起,你中有我,我中有你,无法清楚地分开。

引申到夫妻关系中,边界感就是夫妻之间保持一定的自我意识。在很多中国式家庭中,夫妻之间的边界感很弱,他们觉得:我们是夫妻,理应你中有我,我中有你。有些人甚至还认为,真正的爱就是没有边界的,只有合二为一才是真爱。缺乏边界感,最直接的后果就是两个人很容易越界。

要想获得真爱，就一定要有边界，否则就会把控制他人当成是爱。比如，妻子不允许丈夫有秘密，喜欢翻看对方的手机；丈夫不喜欢妻子有社交圈，妻子只要一跟朋友电话聊天，丈夫就表示不满；妻子对丈夫严加看管，不允许其接近任何女性；丈夫不愿意让妻子有男性朋友，看到妻子跟男同事说话就生气。这些因缺乏边界感造成的人为控制并不是爱，而是对自己的不信任和对配偶的不信任。尊重对方的人，一般都允许对方表达自己的思想和情感，允许对方有自己的隐私、自己的自由空间。如此，亲密关系才能具备流动性和新奇感，才更容易维系。

3. 对伴侣的内心世界保持好奇

对伴侣保持好奇，就是把注意力放在对方身上，观察对方最近工作压力大不大，近期发生了什么有趣的事情，遇到了什么困难或麻烦等。怀着好奇去看待对方，不断发现对方身上的新鲜之处，夫妻之间才能保持新鲜感。同时，在这个过程中，你也会越来越懂得对方。

厮守协议：一种关于爱的协调合作

从社会角度来讲，婚姻就是两个合伙人盖了一个大红戳，正式签字画押，确定合作关系，然后共同经营一项叫作"家庭"的事业。经营得好，就说明两人合作得不错，二人同心，其利断金；经营得不好，最差的结果就是散伙，你走你的阳关道，我过我的独木桥。但现实中，多数婚姻都处于二者之间——拆台，无论任何事，两人都喜欢彼此拆台，一方只要出现一点儿生活热情的小火苗，另一方就会泼一瓢凉水过去。既不同心协力让"事业"变得蒸蒸日上，也不直接关门歇业一拍两散，这种要经营又不好好经营的态度，终究会令婚姻中的双方身心疲惫。

如同周国平说的："婚姻中不存在一方单独幸福的可能。必须共赢，否则就共输，这是婚姻铁的法则。"就像合伙人一样，一方只想索取和享受利益，不想付出，不想发展，他们注定走不长远。所以，夫妻之间的亲密关系就是爱的协调合作。只要是合作，就会存在资源匹配的问题，一方飞得太快，就会把另一方甩掉；一方飞得太慢，同样也会被对方甩掉。

婚姻就是一个大课堂，走进婚姻中的每个人都是学生，都得学习如何经营。在婚姻关系中，夫妻要想和乐相处，都得学着忍、学着让，不懂忍让，不想受半点儿委屈，唯我独尊，只考虑自己的感受，跟谁过日子都不会幸福，只能让对方感到厌倦、疲惫，甚至想逃离。

婚姻不亚于合伙搞事业，好比你和对方共同经营这一份事业，如果只想着赚钱，不考虑创业遇到的种种难题，未来失败的概率就会很大。认真考虑了这份事业可能面临的风险，合伙人之间有良好的沟通，目标一致，即使将来遇到问题，也能及时解决，不至于让事业垮掉。

夫妻之间的共同愿景就是让家庭走向越来越和谐。在经营事业时，你与合作伙伴有着共同的目标，就是让共同的事业越来越好，但很少有人明白：你与另一半的相处模式跟与事业合作伙伴的相处模式一样，这个家就是你们的事业。

虽然爱有很多种解释，比如，包容、理解、善良、付出、接纳和陪伴，但它们最终指向的都是协调与合作，也就是创造价值和对方交换。在一段关系里，个人的价值尤为重要，需要不断地提升，而不是沉浸和享受。如果婚姻是一艘船，两人的协调合作就是一起划桨，而不是只想着坐船。

个人的价值是两性关系博弈的筹码，只有拥有足够多的筹码，才能稳固拥有的一切，并在建立新的关系时占据高位。个人内心贫瘠，期望从对方的生命中汲取养分，寻找安全感，就不是真正的爱，只能成为别人的沉重包袱。一句话，真正的感情是在创造价值的过程中互相给予、互相成就和互相照亮。

夫妻双方把婚姻当成合伙的事业来经营，在相互影响方面就能彼此成就，带给对方价值。婚姻可以将男女双方放在只属于彼此的小世界里，双方的首要任务就是想办法让这个小世界变得更加和谐。如同给你一块田地，你不播种，如何收获？播下了种子，却不打理，即使是再肥沃的土地，最后也只能荒草遍地。

从个人角度来说，我们不仅要在婚姻中扮演好自己的角色，还要爱对方，着眼于婚姻整体，想办法把它变得更好。夫妻双方都具备这样的意识，婚姻自然就能幸福很多。夫妻结缘，除了生儿育女，最好的状态就是成就彼此！

那些藏匿在非语言系统中的秘密

有这样一个公式：

人类的全部信息表达 = 语言（10%）+ 语气（40%）+ 体态语（50%）。

体态语也被称为身体语言，就是指那些利用非语言文字符号进行信息交流的沟通方式。

沟通是一件非常复杂的事情，当两个人面对面交流时，除了谈话内容，我们还会在不经意间传递其他信息，心理学家把通过这种与语言无关的途径所传递的信息称为非语言沟通。

要想维持健康的亲密关系，除了语言和语气的沟通外，有时很多想法都藏在非语言系统中。比如，手势、眼神、表情、动作和肢体接触等，比语言传达的信息还要多。仔细看、耐心听、多思考和正确解读对方的非语言线索，更能增加婚姻的幸福感，提高婚姻的满意度。

当语言信号与非语言信号代表的意义不同时，人们更应该相信非语言代表的意义。比如，跟丈夫沟通时，妻子嘴上说："我不是这个意思。"脸上却露出不耐烦的表情,丈夫感受到的就是"你很烦我,你在嫌弃我"。所以,在和伴侣沟通的过程中,不仅要注意对方嘴上说什么,还要关注对方身体的每一个部分向你表达的信息。

身体语言更重要。比如,有时候,一个拥抱比一大堆解释有用得多;有时候,轻轻地拍拍肩比千言万语的安慰更有用。如果彼此关系好,沟通只需一个眼神即可,这就是非语言沟通的优势所在。

很多时候,伴侣都希望另一半是朵解语花,自己只要使用一个眼神、一个动作,对方就能知道自己在想什么、需要什么。这就是非言语沟通的魔力。

在传递信息方面,非语言沟通主要涉及以下几方面的内容。

1. 面部表情

面部表情是一种全球通用的无声语言,不管你到了哪个地方,不管你会不会讲当地语言,都不会妨碍你在最短的时间里辨识出他人的表情含义。如果对方很高兴,眼神就会充满善意,脸颊上的肌肉会带动嘴角上扬。同样,如果对方是恐惧的、愤怒的、厌恶的,也会非常明显地呈现在面部。所以,面部表情较为可信。如果配偶之间没有语言沟通,依然能通过面部表情来判断对方的情绪。

平时懂得察言观色的人，往往都能较容易地理解面部表情释放的信号，也很容易把握对方的想法。比如，对方在皱眉，说明其内心不耐烦；对方耷拉着脸，说明其心情不好。应答时对方脸上表现出不耐的神色，则说明对方已经没了继续沟通的欲望。

总之，面部表情能提供伴侣情绪方面有价值的信息，只要我们认真观察对方的面部表情，就能感知伴侣的内心世界。因此，当你和伴侣相处时，就要用心观察对方的面部表情，留意对方的情绪转变。

观察一个人无意识的表情，不仅能知道他此时此刻的情感，还能知道他即将会产生什么样的情感。很多时候，肌肉的反应比思维的反应更快。利用好这一点，你就可以在对方尚未显露出情感时先他一步采取应对措施。比如，当你发现伴侣即将发怒时，就可以帮他控制愤怒情感的爆发或及时停止自己触动对方情绪的行为，这样做远比对方发怒后你手足无措要好得多。

2. 身体动作

除了面部表情，身体的其他部位也有沟通作用。

身体语言之所以能有效地传递信息，是因为它比面部表情更难以控制，更能暴露个人内心的真实感受。比如，紧握的双拳可

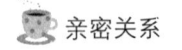

能代表伴侣现在很愤怒，躲闪的眼神可能代表伴侣对你的话题并不感兴趣，用手遮住嘴巴可能代表伴侣正在跟你说善意的谎言，平时喜欢牵你的手说明对方对你充满爱意……而积极的、支持式的情感引起的身体动作，能传达出伴侣间的亲密和关爱。比如，一次牵手、一次搂肩、一次拥抱或一次亲吻，都能让伴侣感受到彼此的爱和支持。

3. 身体接触

当两人的关系变得越来越亲密时，身体的接触频次也会增多。充满爱的身体接触时不仅能拉近两个人心与心的距离，还有益于双方的健康。

身体接触是表达爱最直接的方式，你快乐时跟伴侣拥抱，一份快乐就会变成两份；你难过委屈时，对方给你一个拥抱，你的痛苦就能减半，你的心也会慢慢打开。

多一份接触，就能多一份信任！比如，当伴侣在向你倾诉自己工作中的痛苦时，你给对方一个温暖的拥抱，会让对方感到很踏实，觉得自己不是孤身一人，你永远是他的依靠。这样做比你说千百句安慰的话更有力量。

4. 说话的方式

说话的方式也可以被称为副语言。比如，音量、音调、速度和节奏等。同样的内容，用高亢的声音进行表达，人们听了，就会觉得语言中带有情绪；如果放慢语速、降低语音，使语调柔和，就会让人听着如沐春风。有些夫妻平时总是争吵，只要一动嘴，就地动山摇、针锋相对，你嗓门大我就音量高，谁声大谁有理，你不让我我不让你，搞得左邻右舍都不得安宁。两人在暴戾的状态中沟通，不想好好说话，这样的婚姻怎么可能会幸福？相处融洽的夫妻，说话一般都很温柔，整个家庭也是和谐的。

因此，在沟通时，夫妻双方都要注意自己的说话方式，能缓慢说的不着急说；能语调温和就不要大声怒吼；能简单明了就不要啰唆，这样才有利于问题的解决，不会使简单问题走向复杂。

了解非语言系统中的秘密，你就能知道哪些手势与哪些情绪相配合。通常情况下，当有人对你说话时，你要表现出很感兴趣，不仅要保持目光接触，身体还要保持不动，面向对方。如果你对伴侣说的话没有兴趣，就可以直接告诉对方你的真实心理，这样看起来会显得更有礼貌。

同样，你在与爱人互动时，也要仔细注意自己的身体在特定时刻的表现。如果你无法做到这一点，可以创造一些实验场景，看看亲密关系中的另一方能否正确地读懂你的信号。一旦发现了需要改进的地方，只要做些小的调整即可，让你的肢体语言得到控制。

总而言之，情绪表达无所不在，我们需要努力让语言和肢体动作完美地结合在一起。

共情篇：
博弈加融合，幸福伴侣的多重诠释

第三章
纵使人生诸般选,"定值"伴侣最相宜

情绪元宇宙:抛开自我防线的接纳

每个人都会有情绪,有自带的,也有别人带来的。负面情绪的外在表现有失望、愤怒、委屈或悲伤等,而这些负面情绪会让亲密关系变得脆弱、多疑甚至自我责备。一旦出现这些问题,就很难做到真正去接纳别人,"自动防御和攻击"模式也会就此开启。

情绪本身并没有对错,即使将情绪划分成"正面"和"负面",也只代表了情绪带给我们的感受是舒服还是不舒服的。不舒服的负面情绪,会提醒我们只有做出改变,才有机会去应对和处理,学着改变自己的想法,改变目前的状态。既然情绪没有对错,那么如何对待和处理情绪呢?答案就是先接纳,后改变。

做了多年的情感导师,我发现在亲密关系中,多数人真正在意的是:在自己感到痛苦、压力很大时,伴侣能不能理解自己,能不能与自己共情。所谓共情,就是你能理解对方的不舒服,也能感受对方的愉悦,能真正做到"感同身受"就是最好的共情。

在亲密关系中,关注对方的情绪和感受,识别对方的情绪,接收对方的想法和感受,倾听对方讲话,留意言语间的沉默;观察对方的面部表情和身体动作,安抚自我,正确表达自己的感受……这些共情的行为就是接纳,就是亲密关系和爱的基本元件。

现实生活中,每个人都会本能地自我防御,只关注自己的情绪,忽略别人的情绪,因为我们对自己的情绪有经验,对别人的情绪不了解,抛开自我防御去接纳对方正常释放的情绪,能学会坦然地接受对方的情绪,并学会处理亲密关系之间的矛盾,才是情绪带给我们的最大意义。

有这样一个案例。

妻子是某区级机关的"一把手",丈夫是一名中学老师,二人组建家庭后,无论是社会分工,还是家庭收入,都让人羡慕,但偏偏夫妻二人都缺少幸福感,各有各的"痛苦"。

让妻子感到痛苦的是,丈夫不理解她,不支持她的工作,如自己因加班很晚回家,丈夫不会嘘寒问暖,家里事事都需要自己

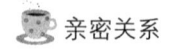

操心，感到身心疲倦。丈夫则抱怨妻子对自己要求太高，总是像对待下属一样地对待自己，还干涉他在外面跟朋友聚会喝酒。

两个人的心中都有不同的怨气在作怪，让外人羡慕的小家庭其实并不和美，尤其是到了周末，别人都开开心心地出去玩，他们俩却会出现情绪波动，从一开始的言语冲突，直到最后一个摔门而去，另一个在家生闷气。

网络上曾有人提出两个问题：

一是配偶发烧，你会怎么办？

很多人都回答说，会悉心照料，如带对方去医院看医生、在家用冷毛巾冷敷……

二是配偶发怒了，你又会怎么办？

许多人都觉得这个问题不太容易回答。有人甚至还说，他发怒，我还生他的气呢！

其实，发烧是身体生病了，我们一般都会毫不犹豫地去照顾病人；发怒则是情绪在生病，同样需要悉心照顾。比如，可以问问对方，是否愿意将让自己发怒的事情说出来听听。在你的引导下，配偶很可能就会将导致不良情绪的事情说出来，而后慢慢平静下来，这是配偶对有情绪问题的一方最好的照顾与接纳。再如，可以让对方把不满和怨气讲出来，一家人把所有的问题都摊开来，一起面对，慢慢化解对方藏在心底的情绪。

抛开自我防御，很难接纳对方的情绪。在亲密关系中，一方面我们要看到对方的情绪，共情对方；另一方面，也不能要求对方像情感导师一样共情你，但当伴侣出现负面情绪时，你一定要接纳对方的情绪，而不是批判对方。

在亲密关系中，最好的状态就是成为更好的自己。即使对方不够好，也要尽量欣赏和夸奖对方；不要打击或否定对方，更不要经常性地把"我为你好，要这样做，或是那样做"挂在嘴边。习惯性地觉得"为别人好"其实是一种不接纳的状态，传递给对方的只有焦虑、拒绝、否认和切割，会不断地把对方从你们的亲密关系中推离。那么，如何才能做到真正地接纳呢？

1. 不要把负面情绪带回家，进家门之前想着切换角色

观察自己的状态，看看自己在什么时间或在什么状况下容易发火，可以做一下记录和回顾，让自己意识到发火的原因可能并非全在配偶身上，自己休息不好或工作压力大时，可能更容易发火。

情绪是可以被控制的。比如，妻子正在跟丈夫发火，忽然接到了公司领导打来的电话，即使她刚刚还在怒火中烧，但也能立刻换上一种平和的语气和领导说话。这就是对情绪的自我把控能

力。在进家门之前对坏情绪稍做控制，就不会带着防御和敌意的情绪去面对另一半了。

2. 要发火前注意克制自己

回想一下自己曾经发火前的状态，是不是觉得心跳加速，或心口很堵？今后一旦出现了类似情绪，就可以先让自己冷静下来，找个合适的角落开始慢慢数数，一般数到"5"时火气就会下去很多。

3. 正确看待亲密关系中正在经历的阶段

亲密关系在最初阶段通常都比较理想化，那时的我们会神魂颠倒地坠入爱河，可谓"被爱蒙蔽了双眼"，同时，稍有不顺心，或只要闹情绪，就会走到分手的边缘，很难生出共情的心理。

接着，就会步入两极化阶段。这时我们不再相信热恋中任何事情都是"十全十美，正合我意"的，会专注于对方的小瑕疵和小缺点。当你将对方所有的不完美都尽收眼底时，就会想逃离或躲避。事实上，那些不完美是自己脆弱的反映，只是我们不自知。

然后，我们会从两极化阶段回到理想化阶段，重新来过。有些人则会留在这条狂风大作的路上，在坑洼起伏的路面上奋力前行，希望能走上坦途。

每个人都需要被接纳，也需要接纳别人，当接纳与被接纳处于同频时，就是共情在发挥作用。

在言奇老师的《接纳》一书中有这样一段话："你知道每个人最喜欢的人是谁吗？原来每个人最喜欢的人是自己，其次便是喜欢能够接纳和理解自己的人。你知道每个人最讨厌的人是谁吗？原来每个人最讨厌的人是那些不能接纳自己的人，也就是在想法、感受、性情、志趣及为人处世等方面都和自己格格不入的人。"

处于婚姻中的两个人，如果互相不理解，彼此就无法形成共识，只能形同陌路。每个人都是孤立的存在，不接纳他人，就不会有合作。在我们这个世界上，并不存在完全相同的两个人，因此要接纳彼此的差异，特别是夫妻，更要接纳对方的不同与不足。

很多时候，两性之间之所以会出现分歧和矛盾，就是因为缺少共情。懂得共情的人，既能宽容自己，不钻牛角尖，也能真正接纳对方。所谓共情力，其实就是站在他人的立场上去考虑问题，你期望别人怎么对待你，你就怎么去对待别人，这是心理学上的"黄金法则"，也是真正的共情。如果妻子希望丈夫抱抱、端杯水、体贴、温和等，自己就需要这样去对待他。同理，如果丈夫希望妻子温柔、体贴、善良，自己也要用同样的态度去对待对方。

现实中，很多人都不会用对待自己的心去对待别人，不能站在对方的立场上考虑和思考，更谈不上感同身受，大多数原因是他们不懂得换位思考，觉得别人不理解自己，不在自己身上找原因。其实，真正能得人心的人，都懂得从不同的角度看待别人和自己。

用对待自己的心去对待别人，是一种爱的能力，是一种非常强大的共情能力，而只有拥有这种能力，才能真正去包容与接纳对方。

亲密关系需要彼此的心理认同。不要幻想另一半是个完美的人，更不要抓着对方的缺点抱怨。生活不是电视剧，人不可能没有缺点，接纳对方，从心理上认同对方，才是维系亲密关系的关键。

催化多巴胺，优化好你的爱意角色

在亲密关系中，我们常常会提到一个词——多巴胺，也就是情绪价值。简单来说，就是对方跟你在一起时有多享受，有多愉悦；从生物学角度说，多巴胺的分泌有多少，他对情绪价值的体验也就有多好。如果两个人都能优化自己的爱意角色，给予对方的如同阳光照在人身上那样催生出更多的多巴胺，就能让对方感受到快乐和幸福。当然，优化爱意角色不一定要扮演小鸟依人的乖乖女状，也不一定要做温柔体贴的好丈夫，而是要学会正确处理自己的情绪，带给对方更多的情绪价值，而不是负能量。

情绪价值，是一个人影响他人情绪的能力。对于个人来说，越能给他人带来舒服、愉悦和稳定的情绪，自身的情绪价值就越高；总让其他人产生别扭、生气和难堪等情绪，自身的情绪价值就越低。如果亲密关系中的两个人能够优化自己的爱意角色，带给对方更高的情绪价值，就能为两人的关系催生更多的多巴胺，让两性关系更加融洽和幸福。

在两性关系中，如果你的情绪价值高，就能给爱人带来正面、积极的情感体验，跟你相处时对方感受到的更多的是舒适、愉悦、轻松和安稳，你们的感情也会相对稳固。如果你的情绪价值低，则会给对方带来负面、消极的情感体验。比如，你总是习惯了争吵、批评和指责，那你们的感情也容易出问题。

那么，如何才能优化自己的爱意角色，带给对方更高的情绪价值，催生更多的多巴胺呢？

1. 表达自己的关心和关注

每个人都渴望得到别人的关注，配偶之间同样如此。如果一方想表达或倾诉，另一方却在敷衍，对方就会觉得自己不被关注和关心。

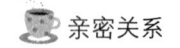

比如，丈夫喜欢观看球赛，正坐在沙发上看直播，看到自己喜欢的球员进球了，他感到很开心，同妻子分享说："帅吧，这个球员多棒。"如果妻子照顾到丈夫的情绪，知道丈夫需要自己跟他一起来分享这份喜悦，带给丈夫的情绪价值就是做出欣喜的样子，说："真棒，这支球队厉害，你的审美不错。"

反之，如果妻子不在乎丈夫的情绪和感受，或妻子本来就对丈夫看球赛而不做家务心有不满，也许就会不假思索地脱口而出："别人进球跟你有什么关系？看你手舞足蹈的，赢了球的奖金跟你有半毛钱关系吗？"

我相信，第一种回应方式会让丈夫感到舒服，丈夫会因为妻子跟自己分享了喜悦而对妻子充满爱意，觉得妻子懂他的喜好，愿意照顾他的情绪。而第二种回应，会将丈夫刚燃起的快乐之火浇灭，他不仅不会认为妻子可爱，还会觉得她有些可恨。

2. 表达自己的认可和肯定

伴侣之间互相欣赏，就容易看到对方的优点。比如，对方做了一顿饭，可以夸赞其"厨艺真棒"，对方买了一件衣服，可以夸赞其"眼光真好"。认可和肯定，会让对方觉得自己有价值。当一方发现按照爱人的想法去做，可以让他感到高兴、愉悦，甚至还能得到夸奖时，就会有意无意地越来越愿意去做这样的事。

所以，有时候，少一点儿指责，多一点儿赞美和欣赏，两人相处的质量就会更高。

3. 表达自己的信任和支持

情感价值中的信任和支持最能体现伴侣间的亲密程度。

据相关报道，著名导演李安未成名之前曾一度在家当了六年的"家庭煮夫"。这六年的时间里，李安每天不仅要在家里大量阅读、看片和埋头写剧本，还负责买菜做饭带孩子，打扫卫生。做完晚饭后，他会和儿子一起兴奋地等待"英勇的猎人妈妈带着猎物回家"。

这六年来，妻子林惠嘉一直在挣钱养家。她是美国伊利诺伊大学的生物学博士，亲戚、朋友曾问她："为什么李安不去打工？多数中国留学生不都为了现实而放弃了自己的兴趣吗？"

看到妻子一个人养家，李安觉得过意不去，偷偷地开始学电脑，希望能找一份比较容易的工作养家糊口，他甚至还打算放弃电影梦想。林惠嘉发现后，一字一句地对他说："安，要记得你心里的梦想！"后来林惠嘉还告诉李安："学电脑的人那么多，又不差你一个！"

林惠嘉是一位非常独立和出色的女性。李安曾说："妻子对我最大的支持，就是她的独立。她不要求我一定出去工作。她给我

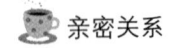

充足的时间和空间,让我去发挥、去创作。要不是碰到我妻子,我可能没有机会追求电影生涯。"可以说,妻子的鼓励和支持以及在婚姻中独立的个性成就了李安的梦想。

4.降低不合理期待

只有打破不合理期待,看见真实,才能打造好的夫妻关系。成熟理智的伴侣不会对对方提出过分的要求,而是会自觉降低不合理的期待。不合理的期待就是希望对方能够围绕着自己转,成为自己完美照顾者的形式,而真实的关系是指彼此之间有互动,有情感连接,有价值交换。举例来说,你期待对方永远把你放在第一位,要允许他有时候不能在第一时间回应你;同时,要认真观察实际情况,不能一股脑儿地指责对方。比如,看到对方下班没接你,你感到不开心,就可以询问对方:"你今天怎么没有去接我,是因为有什么着急的事情吗?有什么我能帮你的吗?"这时候,对方就会因你的理解和大度产生些许愧疚,产生更多爱你的动力,你也会在一次次的观察中,逐渐将不合理的期待调整为合理的期待。

5.正确说出诉求,而不是让人猜心思

其实,当你心情不好时或对对方抱有期待时,最好不要"拐弯抹角",可以直接告诉对方。比如,直接告诉对方"我今天心情不好"，对方就能照顾到你的心情，知道你不开心不是因为他触犯了你，还能更快地帮你从负面情绪中走出来。告诉对方自己的诉求，其实也是给予对方成全自己的机会。因为成全是相互的，你成全对方的同时，也在成全自己。

6. 扮演好三种角色

一段优质的亲密关系，彼此不仅需要扮演好丈夫或妻子的角色，更要扮演好伙伴、老师和分享者等三种角色。"伙伴"，就是双方拥有一致的爱好，可以一起去做感兴趣的事情，甚至可以一起实现梦想。"老师"，就是遇到问题时可以向对方求助，对方可以提供解决问题的思路和观点。"分享者"，就是双方没有秘密，可以向对方说心里话，是一个好的倾听者，接纳对方的情绪和脆弱，并积极给予对方支持和帮助。

总的来说，要想提高亲密关系中的多巴胺水平，需要双方共同努力，积极为对方提供情绪价值。丈夫可以给予妻子情绪价值，妻子也可以给予丈夫情绪价值。能否持续地给对方提供价值，双方能否相互看见和接纳，决定着这段关系能否顺利走下去。

需求共存：亲爱的，我知道你想要什么

在沙漠里行走时，人们一般都会感到口渴，这时候如果你能递给他一瓶水，他就会对你感恩戴德。在亲密关系中，同样如此。如果你能在第一时间懂得对方的需求并给予支持与满足，对方一定会觉得你是最懂他的人。很多亲密伴侣之所以能够上升到灵魂伴侣，就是心灵相通，一方只要一个眼神、一个动作，甚至少量的语言表述，另一方就能知道对方想什么。这就是"心有灵犀一点通"。

男女之间的相处是一场心理博弈，并不是付出的越多得到的越多，而是需要认真琢磨对方的内心状态，懂对方的心。只有掌握对方的内心需求，才能精准把握命脉，知道自己付出什么才是最有效的，不能像无头苍蝇似的盲目付出，否则即使付出了十分努力，照样也收获不了一分。

生活中，一些女性的想法是：我不要求对方必须有多高的年薪，有房有车，我只希望他是一个懂我的人。我倒认为，想要找个"懂自己"的人比有房有车更难，事实也如此。当有人说"我

很爱对方,但我搞不明白对方"时,背后折射出来的问题依然是"你若懂我,该有多好"。

有强大的共情能力的人,一般都懂得对方、理解对方,能够站在对方立场上想问题,而不是站在自己的立场上教育对方和讲道理。不了解对方,就不会形成共识,两人就会形同陌路。

当然,亲密关系之间的懂和理解也分层次。

1. 没有任何共情反应

举个例子。伴侣对你说:"我的心情每天都很差,整天昏昏沉沉的,对任何事情都提不起兴趣,和周围的同事关系也不怎么好,感觉什么都一团糟。"你却对他的陈述毫无反应,甚至充耳不闻,或者表达的言语与对方表达的言语毫无关联。比如,你不仅不关心他,反而说你饿了,问今天做什么饭,或者你的衣服该洗了。

只关心自己而忽略对方的话,就是没有任何共情反应的表现,也是完全不理解别人的状态。处于这个层次的伴侣,感情往往也好不到哪里。只关注自己的情绪和需求,把对方当成"空气",久而久之,感情也会渐渐变得冷漠。

2. 片面而不准确的共情反应

举个例子。伴侣说:"我今天被老板批评了,因为我做的PPT没有达到要求。"如果你完全忽略对方的心情,而说:"你也真是粗心，我也犯过这样的错，没什么大不了的，睡一觉明天就把这件事忘了。以后多长个心眼儿，别犯这些低级错误就好了。"只能说明你有点儿想去理解对方的心思，但最终还会因为表达得不准确，共情不到位，而无法让对方产生"你真懂我"的感觉。

3. 有共情，但忽略对方的感受

举个例子。伴侣说："这件事被我搞砸了，我心里很难过。"你却说："没什么大不了，开心点儿，下次再努力一定会行。"听到你的话，伴侣虽然能感受到一点点的体贴，但深程度的感受依然没有得到满足。多数伴侣都处于这一层次，看似能够跟伴侣共情，其实只是轻描淡写，并没有深层次地理解对方。

4. 有较深的共情能力

看到伴侣情绪不佳或心里不好受时，如果你能理解对方的行为和感受，并能把握他隐藏于内心的感受和意义。比如："你看起来情绪非常低落，是不是感觉整个世界都是灰色的？这件事对你造成了困扰，我想你的内心一定很痛苦。"伴侣就会觉得，你跟他是共情的，会让对方觉得被理解、被接纳。到了后面，即使不说安慰的话，静静聆听，也能找到心灵互通的美好。

好的伴侣最懂你，好的伴侣能理解你，好的伴侣不是差评师，好的伴侣能够让你不断成长，好的伴侣知道你的真实需求。因此，期望伴侣怎么对你，你就怎么去对他，这也是心理学上的黄金法则，也是真正的共情。

两个人携手走进婚姻，注定会因为得到而失去渴望，但是彼此的理解将会成为夫妻间建立更紧密情感的纽带。任何礼物都比不上夫妻之间彼此理解而产生的愉悦之情，越了解彼此的内心世界，夫妻关系就越深厚。想想自己是否了解对方的喜好、恐惧、梦想，对方有哪些重要的目标，最近对方在工作上遇到了什么困难等。容颜终究都会老去，最难割舍的就是一个懂你的人。

一个关于"悟性"和"行动"的故事

亲密关系中的男女，是超越了血缘的至亲，所做的事会直接或间接地影响彼此。

女人是男人成长的学校，如果老师优秀，男人就会变成一个优等生；反之，则会变成一个潜在的差生。会鼓励学生的老师，会将差生变成优等生；常常打击学生的老师，好学生也会变得自卑。

男人最害怕的事情之一，是被妻子看不起。

男人最期待的事情之一，是被妻子崇拜、敬仰。

男人是女人改变的训练场,男人只要能很好地影响女人,女人就会成为一个温和、柔软、幸福的人。

女人最害怕的事情之一,是男人不懂自己、不理解自己。

女人最期待的事情之一,是被丈夫宠爱和疼惜。

所以,每一对真正幸福的伴侣都在讲一个关于"悟性"和"行动"的故事。

一个男人喜欢上一个女人可能有多种理由。比如,聪明、漂亮、气质优雅和温柔贤惠等。但让男人真正爱上并一直把女人当成手心里的宝的理由,只有一个,那就是女人能令男人觉得自己更聪明、更能干、更强壮或更性感,这时候男人就会对女人爱得死心塌地。

男人的自尊心和"面子"比女人强很多倍,他们需要被女人捧着、崇拜着,因为只有这样他们才会散发出迷人的男性魅力,表现出自信、果断和勇敢的一面。所以,有悟性的女人一般都懂得示弱,他们会抬举丈夫,把丈夫夸成英雄;反之,没有悟性的女人只会看到丈夫的缺点,觉得丈夫不如自己,带给男人的是毁灭性的打击,最后只能将男人变成懦夫。

有悟性的女人都知道:

不能唠叨丈夫懒、不求上进。言语是一把利刃,想把男人变成什么样的人，就说什么样的话。你说他是懒汉，他就会真的懒给你看；你说他是顶天立地的大丈夫，他也会真的变成大丈夫。

不抱怨丈夫穷。穷与富，不是一个固定的数，即使你居住在陋室，没有私家车，但依然比很多人过得好。穷有穷的开心，富有富的伤心，只要今天比昨天好，你就是幸福的，跟别人比较，并不能给你带来幸福。

不嫌弃丈夫不浪漫。生活的柴米油盐既会夺走个人脸上的青春，也会消磨掉年少的激情和浪漫，丈夫做一顿饭是浪漫，给孩子洗一次尿布也是浪漫。

好男人都是夸出来的！男人最接受不了的就是妻子对自己说其他人如何强、如何好、如何有本事！聪明的女人会告诉他："你就是我心中的男神！如果没有你，我的世界就是一片黑暗，你照亮了我的整个生命！"这时候，丈夫就会觉得自己是独一无二的，会更加爱妻子！

同样的道理，有悟性的男人也会疼惜妻子的不易，他们会包容妻子的坏脾气，下班后会跟妻子一起操持家务，绝不会摆出高高在上的姿态，颐指气使，更不会咄咄逼人。他们深知家和万事兴的道理，即使自己能力强、贡献大、薪水高，也会呵护和尊重妻子，营造一个和谐友爱的家庭氛围。

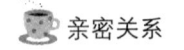

有一位男士讲述了自己的故事：

一直以来，男子的内心都有一种大男子主义在作怪。下班时间尚早，他本可以回家帮妻子打下手，做做家务，再不济也可以辅导一下孩子的作业，但他却跟哥们儿喝酒聊天，到很晚才回家。妻子抱怨，他却觉妻子小题大做，男人在外面应酬一下，晚回家一会儿能有什么事？

后来，他才明白，自己当初并没有站在妻子的角度思考问题。妻子不仅要做一日三餐，还要收拾屋子，要辅导孩子功课，给孩子讲故事，周末还要带孩子去辅导班，他却不觉得妻子辛苦，反而觉得这些都是妻子该做的。过去的他觉得是妻子不懂事，上班不辛苦，现在却发现是自己不懂事，没有体谅妻子的不容易。

如果夫妻之间都懂"爱出者爱返"的道理，都知道"想取之，先予之"的道理，相信也就没有不幸福的夫妻了。很多伴侣之所以过着过着就不爱了，过着过着感觉累了，走着走着走不下去了，多数原因是因为内心更多的是要求、限制和苛求，而不是理解和宽容。不付出爱，只知道索取，得到的多半也不是爱。

男女组成一个家庭，并不是最终归宿，营造幸福的婚姻才是真正的目的。幸福的婚姻究竟是什么样子？其实，幸福婚姻根本没有固定的模式可循，幸福的婚姻和物质也没有必然联系，只跟个人的成长关系密切,你如果成长了,伴侣多半也会成长。所以,美好的婚姻既需要悟性,也需要行动。

一位丈夫在视频中说:

其实我从来都不帮我妻子!我妻子根本不需要帮忙——她需要的是伙伴。

我从不帮妻子打扫卫生,因为我也住这里,我本来就应该打扫。

我从不帮妻子做饭,因为我也饿,所以我就应该自己动手。

我从不帮妻子洗碗,因为我也用了那些碗,所以我有洗碗的义务。

我从不帮妻子照顾孩子,因为那也是我的孩子,我是孩子的父亲,所以我就应该照顾孩子!

我不是"帮谁做家务",因为我就是这个家庭的一部分!

懂得了这些道理,也就提高了婚姻的悟性。提高了悟性并付诸行动,就会成为更好的自己,就能对另一半造成影响。我们之所以要强调环境的重要性,就因为不同的环境会让你遇见不同的人,而不同的人则会带给你不一样的人生。

如果伴侣喜欢抱怨,他就会把你当作情绪垃圾桶,久而久之,你就会深陷负能量的情绪中无法自拔。而总是微笑着看世界的人,

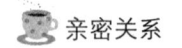

也必然有一颗明媚的心。

原来"陪伴"和"耳朵"这么重要

伏尔泰曾说，耳朵是通向心灵的路。倾听也是一种技能，学会倾听，就能经营好很多关系，尤其是夫妻关系。很多人认为，只有积极回应对方的话语，积极地与对方互动，才能真正地和他人产生共情。但很多时候，只要通过倾听和陪伴，就能让对方感受到温暖，就能跟对方产生共情。因为这种倾听和陪伴，伴随着认真的思考与理解，意味着尊重与信任。

亲密感是相互的，缺少陪伴的婚姻就是一个人的独角戏，明明是自由的却被禁锢着，而幸福的婚姻一定是结伴而行，懂得陪伴和倾听。

"陪伴和倾听"是幸福婚姻的润滑剂。婚姻中，如果你感到很压抑，有时候压抑得几乎喘不过气来；或者对配偶有意见，今天不敢说、明天不愿说，今天将一件伤心的事装在心里、明天将一件痛苦的事憋在心里，最后你的心就会变成个垃圾场，既发泄不出去，又无法承受，迎接你的必将是崩溃。

陪伴和倾听是一个态度问题。在与人交往的过程中，如果你真正对对方感兴趣，就会强烈渴望了解他的思想和喜好。只有想了解对方，你才会把心灵的天线打开，静下心来准备接收对方的信息，才有时间陪伴对方，才能认真倾听。

很多人平时忙于事业、忙于应酬，总会忘记了陪伴在身边的最重要的人，明明和同事、朋友交谈甚欢，回到家却和伴侣无言以对，即使有时间，也埋头自顾自地玩手机，不愿抽出时间陪伴爱人。缺少陪伴的婚姻，会消磨彼此的爱意。不愿花时间来陪伴对方的婚姻，就像一棵长时间不浇水的植物，即使是仙人掌，终有一天也会枯萎。

真正的陪伴不是简单地待在一起，而是有效地陪伴。就像有句话说的那样，世界上最远的距离就是我挨着你，你却在看手机。所以，正确的陪伴是夫妻俩同在一个时空里，共同做一件事，关注点在一起，感受同样的感受，一起看书、看电影，一起聊天，一起解决问题，彼此的心连在一起。

如果妻子跟丈夫说话，丈夫却心不在焉地敷衍；丈夫在询问，妻子却一心扑在电视剧上顾不上回答，这些都不是陪伴，更不是认真倾听。真正的陪伴和倾听，要注意几个方面的问题。

1. 全心全意陪伴

一行禅师说过："当你爱一个人时，你能给予他最好的就是你

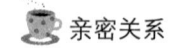

的存在。如果你都不在那里，你如何去爱呢？"真正的陪伴，是全心全意的，可以心在身不在，但不能身在心不在。坐在伴侣旁边或者和他待在一个屋子里干自己的事情，这样的陪伴是"低质量的陪伴"。出差在外，打开视频跟爱人讲几分钟话，就是人不在心在的表现，也是一种陪伴。相反，待在配偶身边，你却总嫌他过来烦你，你则抱着手机看，眼里除了手机什么都没有，不知道配偶在干什么、有什么需要帮忙的，这就是人在心不在的表现，不是真正的陪伴。

2. 享受当下

只有活在当下，享受当下，才能发现生活的美好，才能与爱人顺畅连接，在收获爱意的同时，让自己回归最简单纯朴的快乐。

双方在一起时，如果一方想的却是自己的游戏还没打完，有一个饭局还没参加，以及未完成的工作或急需完成的事情，内心就不会平静，就不能沉下心来跟伴侣享受当下的状态，这样的陪伴就不在一个频道，也就无法理解对方，更无法认真倾听伴侣的话。真正的陪伴是与伴侣一起享受陪伴的快乐，享受当下。比如，可以一起看电影，一起做家务，一起陪孩子出去感受大自然。

3. 双方都开心

很多时候，处于亲密关系中的两个人，不仅不能好好陪伴，更不会认真倾听，急于表达的占大多数，认真倾听的人往往很少。有的夫妻甚至只要听到对方说一些问题，就会忍不住反驳，无法给对方提供建设性的意见，甚至还会数落对方，让对方感到心里不快。

懂得倾听的人，并不会自己三缄其口，任对方喋喋不休，而是能够把握倾听的尺度，在对方兴致勃勃地谈论一件事情时，会抱着极大的热情，用自己的眼神和身体语言回应对方，让对方看出你对他的谈话十分感兴趣，并希望他能持续讲下去。同时，在对方用眼神或语言试探你的反应时，还要及时给予精准回应，这时候，即使是一个适时的点头、一个会心的微笑、一句简短的"是吗"也能给对方如逢知音之感。

4. 接纳伴侣的至暗时刻

真正的亲密关系不能只是彼此同甘，更需要双方共苦，如果对方状态不佳，不要立刻将对方拉回到自己认为的幸福状态里，应该静静陪在他的身边，听听他内心的声音。

陪伴配偶度过至暗时刻，比与他分享他的荣耀更不易，且更重要。真正的爱情不仅要求相爱，还要求洞察对方的内心。所以，只有学会有效陪伴和倾听，学会换位思考，走进对方的内心世界，爱情才能更长久。

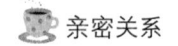

在与伴侣沟通的过程中，尤其是自己想要倾诉或抱怨时，让你最喜欢、最感动的不是伴侣急于给出方法，而是他能默默地听你把话说完。这也是我常对学员说的："给对方一只耳朵，你就拥有了沟通的主动权。"这种做法，对倾诉者和倾听者都十分有意义。

在沟通的过程中，你能安静地倾听，对方就会感受到莫大的共情。作为倾听者，如果你唯一的作用就是为伴侣创造了一个安静的喘息之机，舒缓了对话节奏，那么你就是明智的。在婚姻关系中，我们并不需要给伴侣太多的建议，只要共情和接纳对方，积极倾听对方的心声，或帮对方梳理一下产生这种观念和情绪的原因，帮助对方更好地看见那个内在真实的自己，就足够了。

第四章
摊开掌心纹路,那张属于我们的爱情地图

亲爱的,这次你说了算

在相处的过程中,很多伴侣都会在不知不觉中走向权力斗争,自己却没有意识到这一点,只是觉得自己似乎总在和伴侣争吵,或者总想对伴侣说"不"。

在一个家庭中都想自己说了算,而不希望对方说了算,就是一种权力斗争。《红楼梦》中的"但凡家庭之事,不是东风压了西风,就是西风压了东风",就能很好地形容夫妻之间的权力斗争。

权力斗争,即是围绕权力的争夺,希望自己在一段关系中能更多地影响或掌控他人,或更少地被他人控制。如果有以下几种情况,就说明你们已经不经意地陷入了夫妻之间的权力斗争:

你希望对方按照你的方式来,你从不妥协,如果自己不能说

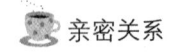

了算，你就觉得不舒服，觉得在家里没有话语权或地位，即使偶尔妥协或表面"认输"，也要在其他地方"赢"回来。

你总会用各种方法去证明自己比对方更优秀、做事的动机更好。

你从来都不会向对方道歉，即使做错了，也很难认错。

你做事时，很少征求对方同意，我行我素，不会考虑对方的感受。

如果你的婚姻关系中出现了上述的情况，就说明你可能正在经历着与伴侣的权力斗争。

之所以会有权力斗争，主要是因为我们总想改造伴侣，不想通过正确的方法和做事原则去影响对方。能积极影响别人的人，往往是拥有正能量和大智慧的人，他们分得清世界的黑白曲直，既不会在人生的道路上跑偏，也不会随波逐流，更不会夸大事情的不利面；他们知道世界运作的规律，明白人人都有"阴晴圆缺"；他们会在你需要时给出最中肯的建议，有原则却又求新求变，有主见却又听得进劝。

口口声声跟伴侣说你缺爱，为了一个缺爱的理由，编造出各种消磨自己情绪的花招，久而久之，你内心唯有的那一点儿爱也会消失殆尽。只有拥有正能量的人，才能坚定自己的信念，拥有人生目标，知道自己的所需并为之不断努力，喜欢变化也能创造进步的机会。和这样的人在一起，你会发现世界很大，值得用一生的时间去尝试。他们会给你惊喜，也会带给你感悟；他们会让你把路走直，戒掉所有扭曲的价值观，如果你不是一个拥有足够正能量的人，就一定要爱一个拥有正能量的人。潜移默化中，你也会变得更加开朗和幸福。

在生活中，很多夫妻矛盾都源于一方想要改变另一方。其实，无论你多爱一个人，当你想要改变对方时，就说明你不够认同对方。好的感情从来不会想着改变对方，只会去影响对方和接受对方的影响，这就是维持幸福伴侣关系的法则，即"亲爱的，你说了算"。

在夫妻关系里，人格是平等的，千万不要把自己抬得太高，否则就会觉得对方很低。夫妻之间要多点儿欣赏和尊重，因为我们能改变的只有自己。有位丈夫想买一辆心仪已久的汽车，但在没征得妻子同意之前，他不敢擅自购买，哥们儿说他是"妻管严"，他却坚持自己要听取妻子的意见、尊重妻子的感受。因此，他们的婚姻一直都非常幸福美满。

当夫妻双方的意见不一致时，无论是妻子还是丈夫，都应该积极寻找共同点，不能一味地固执己见。听听对方的意见，让对

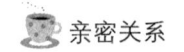

方说了算，就容易平息矛盾。当然，让对方说了算，并不是让你放弃个人意愿，而是从长远和大局来看，让大家共同做决定，维持婚姻的幸福与稳固。

解决婚姻问题的唯一方法是寻求妥协，而妥协的基础是接受配偶的影响。为了达成妥协，就不能对配偶的意见和要求不闻不问，也不能毫无主见地赞同配偶说的每件事情。当你开始诚恳地考虑接受对方的立场时，也就是接受配偶影响的开始。你越能接受伴侣的影响，就越能更好地处理婚姻中的冲突。试想下面这样的场景：

丈夫说："你不听我的！"妻子说："你为什么不听我的呢？"这样就很容易激化矛盾，同时还表明妻子跟丈夫一样生气。

之后，如果丈夫用批评、鄙视、挖苦或辩护的方式回应：丈夫要么无视妻子说的话（冷战），要么为自己辩护（"我听了"），要么批评妻子（"我不听你的是因为你说的话都是废话"），要么鄙视妻子（"为什么浪费我的时间"），就会使冲突升级。

可见，不愿意考虑对方的感受，不接受对方的观点甚至摧毁对方的观点，不管怎样，都会让婚姻不稳定。

一般情况下，大多数妻子比较容易接受丈夫的观点，而丈夫则不太容易接受妻子的观点。因此，为了避免这种方式带来的冲突升级，就要让做丈夫的意识到，他如果这样做，很有可能会给婚姻带来更多的风险。

如果想停下权力的斗争，究竟该怎么做呢？

1.先改变自己

婚姻中，发现问题后，如果双方都能先从自身找原因，努力、刻意地去了解配偶并爱对方，就很有可能打造出美满的婚姻。如果伴侣遇到了问题，你能给他爱和肯定，不是逼着他改变，而是静下来想想自己有哪些不足，他为什么会做出这样的反应，不把事态扩大化，带给对方益处，才不会让对方崩溃。

婚姻中的男女，需要互动，更需要彼此影响和树立榜样，只要有一个人朝着好的方向行动起来，另一个人也会跟着行动起来，从而形成良性循环。如果谁都不愿意改变自己，就会把婚姻引向死胡同。"斗争"并不是一个人的事，"和平"也需要双方一起维护。虽然我们无法控制别人，但却能控制自己，如果你停止了权力斗争，伴侣却依然试图压你一头，并持续地伤害你，那你就可以选择离开，去选择一段能给自己带来爱的关系，这是你拥有的权利。

2.用双赢的心态去看待妥协

让对方说了算或听对方的意见不是认输，而是不让冲突升级，这样反而更能获得"双赢"的局面。过度的权力斗争会影响亲密关系的质量，降低两人对亲密关系的满意度；相反，在不违背自己原则的前提下，适当的妥协能够让伴侣开心，而伴侣的开心反过来也能带给你快乐，或者伴侣也会自然而然地为你付出。一次小小的妥协换来两人的开心，何乐而不为？

3.让自己的心胸变宽广

接受爱人的影响不仅是一种应有的态度，也是一种可以磨炼意志的技能。在日常生活中，如果你能接受伴侣的影响，这就意味着幸福婚姻在你的身上起了作用。遇到冲突时，关键是妥协和协商，只要找到伴侣希望你做出妥协的地方，冲突就能得到解决。

超强吸引力，一起成为高情商伴侣

能够产生超强吸引力并持续吸引对方的，既不是颜值，因为外貌会随着时间的流逝渐渐失去原来的青春靓丽；也不是激情，因为一旦走向婚姻，激情就会退化成日常的柴米油盐。真正能让产生吸引力的，是彼此的高情商。

什么是高情商呢？通常是指识别和管理自己情绪的能力，以及设身处地为他人着想的能力，主要包括这样一些技能，比如，感知他人的情绪，调节自己的情绪，讨论感受，并帮助他人做同样的事情。情商高的人通常都是很好的伴侣。那高情商的伴侣都有哪些表现呢？

1. 高情商的人会示弱

有位作家说过："扬眉是一种能力，低眉却是一种勇气。"具备高情商的人，都懂得示弱，尤其是夫妻之间，懂得示弱的人，往往都是内心强大的人；而那些处处要站高枝儿、争上风、装强势的人，却是纸老虎。有这样一个案例：

一天晚上，一对夫妻发生了争吵，男人特别凶，女人觉得很委屈，拎起包就要出门。这时，男人从她手里一把夺过包，大声呵斥说："你老实待着，要走我走。"说完，头也不回地走了，独留下气呼呼的女人。

那一夜，男人彻夜未归，女人心灰意冷。

早晨起来，女人打开门准备出去，发现男人站在门口，满脸笑意，手里拎着她爱吃的小笼包。男人嬉皮笑脸地进了屋，对女人又是道歉又是认错。女人渐渐消了气，说："我生气不是因为争吵本身，而是争吵后你的态度，你一个大男人因为争吵离家出走，这是我不能原谅的。"

这时候，男人对女人说："因为我不想让你出去啊，你一个女

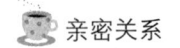

人,半夜出去多危险,要出去也只能是我出去。无论咱们怎么吵,请你一定要记得我爱你。"

听完男人的话,女人没有说话,拿起男人买回来的小笼包大口地吃了起来。

案例中的丈夫就是一个有智慧、高情商的人,既能在生气时体谅妻子,又能智慧地示弱,既给了自己台阶,又没让矛盾加剧。

2. 拥有换位思考的能力

高情商的人多数都具备同理心,能够对别人感同身受,会换位思考,不会把自己的标准和想法强行灌输给他人。他们会站在对方的角度去考虑问题,为对方开脱。即使被别人冒犯,情绪也不容易走极端。他们有一颗包容之心,内心常常处于安宁的状态。

3. 不能只讲道理

家庭温馨氛围的营造,不仅需要讲道理,更要讲情感。遇到问题时,如果按照有道理一方的意见来做,反而容易伤及两个人的感情。在家庭中,如果一方付出得多,另一方就可以少付出点儿;如果丈夫常年在外面打拼,妻子就可以在家照顾老人和孩子;如果妻子有更好的事业,丈夫就可以花时间多陪孩子。一发生争吵就拿自己的付出说事,埋怨对方付出得少,非常不明智。因为婚姻内部没有绝对平等,只能追求相对平衡。

4. 修炼出色的钝感力

钝感力是一个心理学名词，它是指人们对外界刺激做出反应的强度。与钝感力对应的是敏感力，敏感的人都有一颗玻璃心，动不动就感觉自己很受伤。钝感力强的人不管别人说什么，都不会放在心上，心胸格局较大。比如，当丈夫说"今天的饭真难吃"时，钝感力弱的妻子就会感到委屈，觉得丈夫不爱自己；钝感力强的妻子则会笑笑说，"我就这个水平，你就凑合吧"，之后一笑而过。夫妻相处，有一定的钝感力尤为重要。尤其是在婚姻中，大事不较真、小事不计较，更是保持婚姻地久天长的良方。

5. 拥有不抱怨的心态

高情商的人往往都有好心态，不会没完没了地抱怨，只会理智地看待和分析问题，用行动改变现状。

好心态不仅能让我们看到事物阳光的一面、看到希望，更能让我们清醒地意识到，要在自己身上找原因，不要试图通过抱怨转嫁责任。因为抱怨的背后，是对现实不满的消极抗拒心理。这里不如意，那里不如意，经过不断地累积，人生就会增加许多不顺畅，而抱怨者本人也会成为生活的受害者。

高情商的人，一般都不会抱怨和指责对方。因为他们知道，抱怨和指责无济于事，对自己的爱情百害而无一利。他们不会抱怨爱你爱得很辛苦，你的回报不跟他的付出成正比，因为他们知道人生的酸甜苦辣。在爱情中，他们会用心生活，从不辜负彼此的爱意。

抱怨和指责是低情商的人在爱情失败时给自己找的借口。高情商的人，深刻地知道"与其在原地抱怨，不如直接做出改变"。

心理学家说过："如果抱怨超过一个度，便会让你积怨更深，压力更大。"心理对身体的影响超出我们的想象，眼界跳不出困局，自己越陷越深，只会让负能量层层叠加。

有位哲人说："这个世界上最多的'东西'不外乎两种：贫穷和抱怨，而且两者之间存在着鸡和蛋的关系——贫穷（抱怨）孕育了抱怨（贫穷），抱怨（贫穷）又孵化了贫穷（抱怨）。人们越贫穷越抱怨，越抱怨越贫穷。"这句话虽然失之偏颇，但也有一定的道理：我们之所以总是抱怨，就是因为我们认为抱怨能为自己带来某些好处。比如，同情、认可。但就像哲人说的那样，事实上我们不仅"越抱怨越贫穷"，还会招致一连串的麻烦。而高情商的人遇到问题时，一般都不会抱怨，而是会积极地想办法解决问题。

6. 给予彼此能量，而不是互相消耗

网上曾出现过这样一个问题：女人如何做，才能防止因年老色衰而无法吸引另一半?

有一个网友的回答让人眼前一亮,他是这样说的:"我妻子是一个中年妇女,我觉得她的生活并不会因为我的存在与否而发生变化,她有自己的兴趣爱好,也有自己的圈子,尽管是家庭主妇,但她一点儿也不邋遢,反而经常是我想讨论什么话题时,她都能很好地回应。我们结婚,是为了遇见更好的自己。如果两个人的结合只是让生活变得鸡零狗碎,充满喋喋不休的争吵,那样的感情早该及时止损。"

每个人的生活都一样,从近看是碎片,从远看是在人生长河中寻找幸福、寻找能够让自己幸福的一切事物——健康、平静、物质、荣誉和成就。好的另一半,可以让你变得更好,绝不会让你永无止境地损耗自己。

7. 共同成长

好的夫妻关系可以相互成就,共同成长;不好的夫妻关系,则会互相消耗。

在婚姻里,最应该坚持的就是学习。因为只有学习,才能让一个人永葆青春,即使年华老去,内心也会保留一片青春;即使皱纹爬上你的脸颊,也不会爬上你的内心。女人拥有无穷的智慧,就会让男人觉得她不可小觑。停止学习后,女人的容颜也会跟着憔悴，极有可能会被男人嫌弃。

男人也一样。为什么有的男人可以让妻子一辈子仰慕？因为他每天都在学习和成长。因为他们知道，如果自己停止了学习和成长，就有可能会被妻子嫌弃。比如，嫌他事业不够发达，嫌他赚的钱不够多，嫌他社会地位低下……男人不断学习和成长，不仅能得到妻子的敬重，还能让自己的内心更加充实。

男女之所以能走进婚姻，往往是因为具备了爱的勇气和守护对方的决心，但在柴米油盐酱醋茶的平凡生活中，如果不懂得维持婚姻的技巧，便很可能越过越累。若想持续地对对方具有吸引力，就需要培养高情商。

在婚姻这堂必修课上，要想取得漂亮的成绩，其实很简单。只要夫妻用认真的态度去对待，用学习的心态去经营，用一生的时间去践行，迎接你的必将是幸福的婚姻。

极致承诺："为你，我永远不会弃船逃生！"

每对走进婚姻殿堂的夫妻，在婚礼现场都曾庄严地宣誓："无论顺境还是逆境，无论富有还是贫穷，无论健康还是疾病，我们都将风雨同舟，患难与共，成为终生的伴侣。我们要坚守今天的誓言，我们一定能够坚定今天的誓言。"这一极致的承诺，既是爱情的起始，也应该贯穿婚姻始终。

牵手进入婚姻的男女，在相互爱慕的那一刻，一定都幻想过未来的生活图景，以后的岁月执手相看，共同欣赏春花秋月，一起面朝大海，感受春暖花开。在婚礼宣誓的那一刻，都会承诺不管是疾病、是贫穷，或是变老都会不离不弃。而当彼此交换戒指并深情地说出"我愿意"时，两情相悦的男女也就给对方和自己许下了一生的承诺。

两个相爱的人步入婚姻，其实是签下了一份合约，约定彼此忠诚，相互信任，不离不弃，执手偕老。有契约精神的人，往往都能相互携手，风雨同舟，共同打造一份属于自己的幸福。

茫茫人海中，两个人经过"相识—相知—相爱"，最终走到一起，并携手步入婚姻，是一件不容易的事。我们一定要珍惜这份缘分，在日常生活里，不仅仅要同甘，还要共苦；遇到困难时，要一起努力解决，绝不能"夫妻本是同林鸟，大难临头各自飞"。

这里有个关于夫妻患难与共的故事。

小悦和大维相恋七年，最后步入了婚姻的殿堂。

他们俩从大学开始谈恋爱，一谈就是七年，虽然他们之间也出现过无数次的不愉快和误会，但最终都坚持下来了。他们就像歌里唱的那样："你我约定，一争吵很快要喊停，也说好没有秘密彼此很透明。"

他们坚信，要做快乐的自己，然后将快乐带给对方。靠着这份信念，七年后，他们举行了婚礼。那场婚礼既不奢华也不张扬，他们甚至还拒绝了双方父母主动出钱给他们置办婚房的好意。

他们选择了旅行结婚，在三个月的时间里，一起走过很多地方。在那之后，两人一致决定在农村开设一个农庄。当他们将这个决定告诉家人时，双方父母既不支持也不看好。因为在父母的观念里，堂堂的大学生怎么能去农村？这种做法有违常理。

两个年轻人给出的理由是，农村田宽地阔空气好，他们也都向往简单的生活。而这也是他们在恋爱之初就梦想的事情，即通过自己的努力，开创一种前所未有的人生。

借助自己所学计算机专业的便利，他们开始了创业之路。他们主要种植药食同源的花草和蔬菜，通过互联网上建立人脉，开设了旅游观光、亲子采摘、互联网售卖等多个板块。这样运作了两年，两人都付出了很多，虽然人变得又瘦又黑，但两人的心靠得更近了。创业的艰难和共同心愿的实现，使两人的感情日益升华。

后来，生意越做越大，雇员越来越多，他们拿着自己赚得的第一桶金，投资了一个比较陌生的草药种植行业。结果，不仅赔光了本钱，还欠了很多员工的工资。在最困难时，为了不拖累妻子，大维提出了离婚。

小悦知道大维的压力，也知道他的苦衷，更知道他的用心。但大维不想让她跟着分担，脾气变得越来越坏，在某天大维发脾气大声让她滚时，小悦选择了离开。但她没有一去不回，而是借助自己的专业到大城市里谋得了一份高薪工作，把自己加班加点挣的薪水都通过巧妙的方法转寄给了大维，以缓解他的燃眉之急。

小悦默默地关注着大维的动向，知道他挺过来了，知道他还清了债，知道他的草药种植已经步入了良性循环，同时，她也知道了他一直在寻找自己。

再后来，他们创立了自己的品牌，成立了自己的互联网公司，不仅取得了事业的成功，还有了两个可爱的孩子。

故事里的主人公，为我们诠释了什么是"不忘初心，方得始终"，什么是"为你，我永远不会弃船逃生"。相恋时的梦想就是他们的初心，虽然中间也出现了一些小插曲，但小悦没忘，大维也没忘。只不过，由于彼此深爱对方，不想让对方为难或担责，才选择了短暂分开。最终，他们不仅获得了彼此的支持，还拥有了更加牢固的幸福婚姻。

亲密关系

两人携手的真正意义并不体现在甜蜜美满、风平浪静时，更多地体现在人生出现危难的时刻。当你感到失落或失意时，只要想到爱人永远爱你、需要你、默默支持你重新站起来，你就不会倒下。

所谓恩爱的夫妻，既是彼此命运的分享者，也是利益共同体，是能够把后背交给对方的人，更是可以共患难的战友。真正恩爱的夫妻，正如结婚宣言中说的那样："无论顺境还是逆境，无论富有还是贫穷，无论健康还是疾病，我们都将风雨同舟，患难与共。"也如同舒婷《致橡树》中说的："我们分担寒潮、风雷、霹雳；我们共享雾霭、流岚、虹霓。仿佛永远分离，却又终身相依。这才是伟大的爱情。"

网络上被盛赞的沈阳某小区的一对年轻夫妻在面对火灾生死考验时，谁都没有放弃对方的感人故事，就是爱情最美好的样子。

这对小夫妻住在七楼，当时五楼着了火，丈夫为了保护妻子，让妻子走在自己前面，他在后面遮挡浓烟和火苗。可是，在断后的过程中，丈夫晕倒在地上。妻子逃到一楼后，发现丈夫没跟出来，就不顾自身安危，重新折返上楼，最后在三楼找到了晕倒的丈夫。她拽着丈夫拼命往外爬，终于艰难地将他拖出火海，但两人都被严重烧伤。

在医院里，丈夫稍微有了意识之后就开始找妻子，看到妻子为了治疗剃成了光头，眼泪止不住流下来，说："没有她，我就不会在这个世界上了。"后来，夫妻俩接受采访时说："以后只会更加珍惜彼此，还好我们俩谁都没有放弃谁，危难时谁都没有选择自己逃生而丢下对方。"

爱情最美好的样子就是患难与共。幸福的夫妻都会在岁月沧桑变幻中看着对方青丝变白发，看着岁月在彼此脸上刻下痕迹。他们会坐在藤椅上，摇着扇子，回忆年轻时两人互相依偎，你在我失意时对我细心呵护，我在你低谷时对你不离不弃。

荷尔蒙触碰，渗透肢体的爱的语言

人类的肢体语言丰富多彩，不同的肢体动作，表达的情感也不同。在亲密的伴侣关系中，如果你能在不同的情景下向伴侣传递爱的肢体语言，那么夫妻生活也会更加美满。

多数情况下，语言会说谎，肢体触碰传递的信息却是真实的表达。比如，晚上睡觉时，如果夫妻俩是背对背入睡，就说明两人发生了争吵或彼此不想搭理对方；如果彼此非常恩爱，一定会相拥而眠。所以，想要让彼此的荷尔蒙释放，就要理解什么样的肢体语言能够传达爱意,并且试着去使用那些让彼此都感到幸福和快乐的肢体语言进行交流。

肢体接触是最微妙的情感沟通方式,既不会像亲密爱语那样让人羞于启齿,也不会像为他洗衣做饭那样劳累。牵手、亲吻、拥抱、抚摸等都可以让你随时随地表达爱意,又不会让对方感到突兀;同时,用这种方式表达出的爱意,会像小溪流水、徐徐春风一般,慢慢弥漫在伴侣的心田。

1. 拥抱亲吻

伴侣之间经常拥抱和亲吻,就说明彼此非常在意对方,这也是表达爱意的最好方式。因为亲吻本身代表爱意,拥抱则代表了两颗心的距离,经常这样做的夫妻,会产生一种合二为一的感觉,往往彼此深爱!

夫妻之间经常有拥抱等肢体接触,得到拥抱的伴侣会感觉到自己被幸福围绕,觉得自己被宠爱,两人的感情也会越来越深厚。

当伴侣在向你倾诉工作或生活中的痛苦时,不要用太多的语言去劝解,只要轻轻地将对方拥入怀抱,就能让他感到踏实,觉得自己不是孤身一人,你永远是他的依靠。这样做,远比你说千百句安慰的话更有力量。每天出门和到家时,给家人一个拥抱,你会更有力量,伴侣也会更加柔情蜜意。

2. 目光流露

眼睛是心灵的窗口,通过眼中流露出的神情能够折射出一个人真实的内心和情感。如果彼此充满爱意,眼神中就会流露出赞许、温暖和柔情。

彼此相爱的人,无论何时看向对方,目光里都流露着柔情,夹杂着温暖;他们的目光不会冷淡,更不会严厉和凶狠。望向对方时,他们眼里会有光,而那束光会照进对方的心里,驱走寒冷与孤独。

有句话是这样说的:"心之所见,目之所及。"个人心灵能看到哪里,他的目光就会情不自禁地看向哪里。而在一个不爱你的人的眼里,你根本就找不到温柔,只有厌倦与嫌弃,而且黯淡无光,让你感到心寒与心痛。

3. 牵手散步

两个相爱的人平时走在一起时往往都会情不自禁地牵起手。当对方跟你越来越熟悉、感情渐渐升温时,保持近距离的陪伴,他就会忍不住地想要和你牵手,会忍不住地拥抱你……同时,他潜意识里会给你疼惜和保护。

牵手散步时,配合对方的步伐,更会让两个人感到协调。有研究显示,相爱的人一同散步时会出现相同的心跳速率!那么,如何进行肢体接触，才是爱的表达呢？

在电视剧里经常会看到这样的情节：夫妻二人吃完早餐，妻子把丈夫送至门口，丈夫无论多忙，都会转身让妻子给他一个离别吻，然后寻常的一天就这样开始了。

不要觉得这仅仅是出现在影视剧里的桥段，在现实生活中，如果爱人出门时你也能给对方一个离别吻，回家时来个拥抱，就能传达出你的爱意，让你们的婚姻更幸福。即使不能每天都坚持这样的浪漫与闲情，也能通过温情的碰触，让对方知道你对他全心全意的依赖和关心。比如，看到他拖着一身疲惫回家时，给他一个吻；当对方在厨房里忙碌时，从后面给一个拥抱。

爱人之间不要吝啬爱意的表达，如果不好意思说出来，就用肢体接触的方式来表达你的爱吧。不要觉得这些寻常的肢体接触没有必要，殊不知，越是平凡细碎的肢体接触，越能打动伴侣的心。尤其是在伴侣逞强或心情不佳时，握住他的手，摸摸他的头，拍拍他的肩膀，都能默默地将你的能量传递出去。记住，顺境里的付出也许他会忽视，但逆境里彼此依偎的温情却会让他记忆绵长。

助力回归！快从"军师"回归爱人吧

每个人的背后都有一群"娘家人"，女性会有闺蜜，男性会有哥们儿。这些"娘家人"在朋友的亲密关系中都扮演着重要的角色，类似裁判、神助攻甚至是出谋划策的"军师"。

夫妻相处出现小矛盾，是一种正常现象，夫妻二人不关起门来好好解决，而是借助外力，往往容易将矛盾升级。多数女性都是看似很有主意的"无主见者"，而这些"无主见者"还喜欢为彼此"指点江山"或相互效仿。

让我们来看看下面这样一个案例：

小伟的妻子人不错，和老人相处也很好。后来，她换了一份工作，与闺蜜成了同事，家庭关系就开始变得紧张了。有些年轻人闲谈时，不是互相攀比，就是说公婆的坏话，如果实在没有可聊的，还会分享各自的家庭斗争经验。更可怕的是，她们还将这些所谓的经验落实到了自己的家庭生活中，家庭矛盾变成"军事团"的议题，循环往复，让自己曾经"每天生活在不幸中"的幻想得以实现……

女生小A也有过相似的遭遇。

小A身边有一位"爱情军师",对于小A的恋情进展,她甚至比当事人都积极。只要小A跟男朋友闹脾气,"爱情军师"就会亲自上阵,用小A的微信跟她男朋友长时间聊天。功夫不负有心人,没用太长时间,小A就跟男友分手了。

现实中,很多女生身边都有一个自诩很懂爱情的大龄单身姐妹,在日常的朋友圈中,她们是周边姐妹的"爱情军师",出口就是关于爱情的"锦囊妙计"。为了让身边陷入爱情沼泽的小女生拥护自己,她们还喜欢发表一些爱情"毒鸡汤"言论。殊不知,这类"军师"大多是站着说话不腰疼,而听从"军师"建议的人也是没有爱商的人。真正有爱商的人,绝不会轻易地跟自己的另一半为敌,更不会听从别人的言论去给自己的爱情添堵。因此,无论婚姻好坏,感情浓淡,最好不要让自己的"亲友团"参与进来。

男女相互爱慕之初,可能彼此眼中只有对方一个人,很少会考虑站在对方身后的"亲友团"。爱情跟"亲友团"也许没多大关系,但一旦上升到婚姻或走进家庭时,对方的家庭背景的作用就会体现出来。

和伴侣产生矛盾或婚姻遇到困难时，向亲朋好友倾诉、求助，确实有助于缓解压力、走出困境，但夫妻各自身后"撑腰"的亲戚朋友太多，对婚姻未必是好事。而且大量事实还告诉我们，"撑腰"的亲朋好友越多，离婚的概率也就越大。

夫妻一旦开始向外部寻求情感支持，大多是婚姻出现了问题，而这些问题正是导致夫妻离婚的主要因素。事实上，社交之所以会给婚姻关系带来挑战，甚至导致离婚，可能是因为，在婚姻问题上，亲戚朋友和伴侣是"竞争"关系，"撑腰"的亲戚朋友越多，越容易引发对外部关系的高度依赖，导致婚内支撑不足。"亲友团"总有立场，一旦介入，必定要拉偏架，明明两个人的小打小闹，变成了两帮人的战场，瞬间将彼此的嫌隙放大了100倍，原本一个晚上就能和好的事，反而彻底走向了分崩离析。

所以，夫妻之间出现了矛盾，最好内部消化。夫妻间的事、婚姻中的问题，需要两个人共同解决，不能完全依赖闺蜜和"亲友团"。他们不仅不能给你指明方向，反而会扰乱你的视听，让你的婚姻走入绝境。

俗话说,"百年修得同船渡,千年修得共枕眠"。一对男女能够走到一起是缘分,出现争吵或有矛盾也是一种交流和成长的机会,争吵完后,彼此珍惜,就能携手走完一生。而只要遇到问题,就向外求助,不相信自己,更不信任伴侣,那么你们的婚姻大厦早晚都会坍塌。

沟通篇：
爱情转运清单，那些有必要铭记一生的沟通技巧

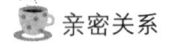

第五章
开放式谈话:"亲爱的,我永远不会背对于你!"

我们的冲突,同样具有建设性

我们从小接受的教育都是不要与他人发生冲突,要与他人要和平相处……但冲突真的是一件完全消极的事吗?事实上,错不在冲突本身,而在于我们解决冲突的方式。只要使用正确的方法,我们的沟通水平就能达到前所未有的高度,就能享受到对自我、关系和生活的控制感。

尤其是情侣或夫妻,无论是因为回避争吵还是因为泄愤而发生争吵,都只会给双方的关系带来消极影响,我们依然相信,良好的婚恋关系需要伴侣以不争吵的方式来维持。

很多夫妻虽然争吵了一辈子,甚至偶尔不吵似乎还不习惯,但关系依然很亲密。其实,我们根本没必要去刻意回避争吵,良性争吵就是为了幸福而战！只要争吵有意义，使用正确的方法，也有利于夫妻关系的增进，因为老话也告诉我们"打是亲，骂是爱"。

所谓良性争吵，就是全身心地投入到生活和夫妻关系中，担负起自己的责任，避免不必要的指责，为真正重要的事展开争论，而不是为了吵赢对方。争吵的目的是揭示真相，而非破坏性争吵。这种争吵，可以揭露自己的问题，全面地展示真实的自己，让我们勇敢地面对自己过去的经历带来的恐惧、痛苦、愤怒和悲伤，使这些情绪实现完整转化，并将其与另一半分享。

只要在争吵中解放了自我，冒险打破了旧的规则，挑战了自己对亲密关系的限制观念，就能体验到自主获取的亲密关系所蕴藏的力量，继而有意识地投入到自己和别人关系的转变之中。此外，参与争吵，还能让我们获得充分的感受，并通过对情绪的理性控制来更深入地了解自己和另一半，努力成长为最好的自己，并让另一半也拥有这样的能力。

生活就是锅碗瓢盆的碰撞，亲密关系中的两个人难免发生冲突，有人甚至还说："再好的婚姻，一生中也有100次离婚的念头，50次想要掐死对方的想法。"婚姻中的冲突不可避免，只不过有的夫妻能够成功化解，让彼此的关系更加亲密，有的夫妻却在冲突中不断消耗感情，让两人的心越离越远，直至分道扬镳。

有的冲突会让双方成长，有的冲突却只能给双方带来伤害。要想把冲突变成自己的学习机会，且具有建设性，就需要掌握一定的技巧了。

婚姻中的冲突一般分为三种：一种是双方沉默、互不理睬的冷暴力；一种是一个吵一个逃，一方坚信"惹不起就躲"，另一方则无法发泄心中的情绪，变得越来越气，等到另一半回来后还会继续吵；还有一种是两个人互不服输，一次很小的冲突，也能发展成大打出手，或让家具遭殃。三种冲突有个共同的特点，那就是无论哪一种冲突，都会对感情造成伤害，而只有不伤感情的争吵，并让冲突具有建设性，才有利于双方的学习和改进，减少冲突的次数。

争吵其实也是一种沟通的时机，正确地应对冲突是夫妻关系保持亲密的不可缺少的能力。冲突一般分为两种，即介入和逃避。所谓介入，就是双方借助谈判或争吵来解决问题，最终会出现两种结果，一个结果是通过理性的对决将问题解决掉，一个是让矛盾激化升级。逃避则是一方不断地批评、唠叨并提出要求，另一方不做正面回应，不断地退避。当退避者消极退缩时，接近者会更加执着于解决争端；面对对方咄咄逼人的压力，退避的一方会更加抵触，更加沉默寡言，这时候接近的一方会更加忽视和误解对方……如此就会形成恶性循环，久而久之，亲密关系就会遭受巨大损害。

争吵是亲密关系存在的一部分，是相互了解的一种方式，因此应该学会建设性地争吵，同时营造好的心理氛围。具体要怎么做呢？

1. 注意争吵的场所

争吵发生时，虽然两个人会无所顾忌，但依然要选择合适的场所。比如，不要在孩子面前争吵，不要在老人面前争吵，争吵要单独进行。没有第三人在场，双方就不用顾及面子和自尊，不用"吵给别人看"，也不会伤及无辜，更容易让彼此很快停下来。

2. 要就事论事，不能乱扯无关的问题

要想准确定义所要争吵的问题，可以通过自己的语言复述对方的论点。不就事论事，会把陈芝麻烂谷子的所有事情都扯进来，越吵越厉害，却没有找到真正的问题所在。

在争吵的过程中，既不要带着输赢的心态去争论，更不要使用冷处理一言不发或退出争吵，而是要不带人身攻击地就问题本身进行辩解。同时，更不能用你了解的对方的隐私或缺陷进行伤害或侮辱。

夫妻之间遇到了问题，要柔和地表达，声音太高，只能让问题向着更危险的方向发展，从而把争吵变成冲突。容易感情用事的一方更容易说出攻击对方的话，不断地指责对方，如果到最后还无法平息情绪，就会把与争吵无关的人格、嗜好、家庭、成长经历等都拿出来，这种行为是万万要不得的。

3.争吵中真实地表达自己的感受

一旦发生了争吵，就要真实地表达自己的内心感受，比如，委屈、失望、愤怒等。当两个人的真实感受连接在一起时，这样的沟通才是真正有效的。当然，要做到这一点并不容易。首先，要具有敢于面对自己内心真实感受的勇气；其次，要敢于把这些感受告诉自己最爱的人。只要能做到这两点，争吵的目标就会实现。比如，被理解和被信任。

发生争吵时，每个人都必须愿意承认自己是问题的一部分，每个人都必须愿意改变自己，避免说一些情绪性的话。比如，从不、总是、根本。要对自己的情绪、说话、行为和反应负责，不要往别人身上推，因为你们要处理的是当前的问题，而不是过去的事情。

4.争吵时说得多不如听得多

当伴侣批评第三个人时，另一方一般都会表示支持和接纳。

但是，如果对方批评的对象是自己时，就无法仔细倾听下去了，因为"忍"字头上一把刀！所以，我们不仅要引导伴侣少用恶毒话语，告诉他们怎样去说，另一方面也要帮助听的人如何去听。因为只有多听，才能知道对方想要表达什么、他有什么感受和需求，回应时才不会鸡同鸭讲，才更有利于问题的解决。

倾听，不能带着情绪去听，要真正搞清楚对方说话的目的，达成思想上的统一，最终解决问题。记住，解决问题才是沟通的最终目的。沟通是一个过程，"沟"是路径，"通"是目标，双方通过沟通来达成共识，遇到问题就主动提出来，然后解决掉，这才是最重要的。

5. 不要引起新的争吵

争吵时，很多夫妻会从一件事吵到另一件事。比如，原本是为了停车问题争吵，最后居然引发到了孩子身上或老人身上等，这就是新的争吵。

在沟通的过程中，如果发现两个人已经没有办法集中精力解决一件事，且眼看就要发展出新的争吵时，就要立刻暂停！找机会去给感情账户存款，然后再回来沟通。尤其是在你怒火中烧时，最好的办法就是暂停，否则容易说一些过激的话。等两个人心情都平静下来后，再回来做战后的修复，谈谈之前两个人到底为什

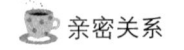

么争吵，下次如何做比较好。

争吵过后，要想将问题暴露出来，看到两人的分歧所在，就要坐下来心平气和地对当前的冲突进行建设性的解决。具体的解决步骤如下：

（1）相信你们只是因为某个问题而争吵，不是因为感情出了问题；相信一切冲突都可以理性地解决。

（2）客观地了解发生冲突的原因，并具体地描述冲突，也就是说为什么会吵起来。

（3）心平气和后，向第三方咨询自己的冲突观念和各自的价值观是否客观，带不带自己的主观意愿。

（4）提出对双方都有利的解决办法，并尝试找出最佳的解决方法。

谨记：争吵不可怕，也无须回避，关键是我们能否借着这些情绪选择合适的时间以更加成熟、理性的方式去表达自己的担心与想法，把争吵变成一次沟通的契机，而不仅仅是心中怒气的发泄。

"你"还是"我们"？一起来制定争吵规则吧

心理学上有一个说法：一个人对自己的关心，要远大于对自身之外一切事物的关心。

关注自己是人的天性，所以在很多情况下，人们总是不自觉地替自己说话。而替自己说话时，很容易把对方放在对立面，在口头上不经意地就会以"你"开头。这种沟通方式，其实是将沟通对象放在了你的对立面，沟通时对方就是你的对立方。无论是普通关系还是亲密关系，这种沟通方式都是消极的，沟通结果一般也不会太理想。

有一种能力，每个人都应该具备，那就是共情。所谓共情，就是同理心，就是理解并支持对方、善解人意，这是所有人都希望拥有的能力，也希望对方能够用这种方法来对待自己。但在沟通过程中，很多人都忽视了这一点，习惯于讲道理、教育对方，却不知道对方需要的其实是共情。

共情，也可以理解成换位思考和同理心。"情商之父"丹尼尔·戈尔曼说："共情，是情商的核心能力，也是人类天生的能力，但一直没有受到应有的重视。"人与人之间应该从情绪、认知、观念等方面建立连接，获得共鸣，使得沟通更有效，继而达成共赢的局面。

有句话说得好："爱出者爱返，福往者福来。"这句话也是对共情最好的诠释。无论是朋友、上下级、亲人之间的沟通，还是陌生人之间的交流，都是付出多少共情就能得到多少回馈。

以"我们"开头，就会向对方释放一个信号，证明"我和你没有太大的分歧"，只是意见不同而已。

加州大学的研究人员分析了几百对中老年夫妇之间关于婚姻中分歧的谈话，发现使用代词"我们的"或"我们"的人，往往对彼此表现得更加积极，交流的压力也更小。而相比之下，那些喜欢使用诸如"我""我和你"等代词的夫妻，一般都喜欢强调"割裂"的感觉，容易对婚姻不满意。

该研究还发现，调查中的老年夫妻比中年夫妻更认同"我们"这一概念。可见，长期一起面对养育、家庭等问题，能够给夫妻带来更大的认同感。

一个满嘴都是"你"的人，对别人就是一种潜在的排斥与指责，多使用"我们"等字眼，对方才会更愿意听你说话。

有一对小夫妻，就是因为改变了沟通用语，使原本特别爱争吵的两个人后来很少再争吵了。

妻子说,有时候本来满腔怒火,想要大吵一架,可只要以"我"开头,架就吵不起来了;如果以"你"开头,我们免不了就会大吵一架。

这个小小的改变为什么会如此神奇?我们仔细分析了一下,发现有以下几个原因,具体如下:

(1)以"你"开头,多数带有指责,很容易引起对方的反抗。比如:"你怎么不来接我?""你为什么不回信息?""你为什么不接孩子?"同样的话,如果以"我"开头,就会将强烈的指责变成关心或求关爱。比如:"我有些担心,你是不是有什么事情才没来接我?""我没收到你的信息,有些沮丧。""我以为你会接孩子,所以就没按时间去。"如此,对方就会很开心地立刻回应你,即使因为某种原因无法满足你,也会真诚地道歉并解释原因,而不会像以"你"开头那样,引发冲突和不快。

(2)以"你"开头,还可能是命令语气。比如:"你把衣服洗了!""你就不能快点儿吗?""你不会自己找啊?"而以"我"开头,命令语气就变得不那么强烈了,还会很自然地说明原因。比如:"我今天累了,不想洗衣服,你洗一下好不好?""我们的时间很紧,需要加快速度了。""我现在抽不出时间,你自己找找。"

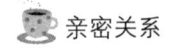

以"你"开头,对方会觉得如果自己去做,是被强迫的,像仆人一样没有尊严。但如果以"我"开头,会先解释一下原因,对方然后再做,心里就不会太过抗拒,会变得更积极一点儿。

(3)以"你"开头,会说出很多胡乱猜测的话。比如:"你又撒谎了吗?""你是不是找借口加班?""你是不是不想和我沟通?"如果以"我"开头,表达的却是自己的感受,不是假的,对方也会更认同。比如:"我担心你没有和我说实话。""我觉得你不乐意和我逛街。"因为表达的是自己的感受,对方就不会像前者那样反感,而是会认真解释,给你宽心。

用"我"取代"你"作为一句话的开头,好处确实不少,其中最重要的是,这是一个互相反射的词。看到你习惯使用"你"开头,对方也会用"你"开头,双方的矛盾就会越来越大,争吵的内容也会距离双方的初衷越来越远,导致最后无法收场。而如果你多用"我"字开头,对方就会自然而然地多用"我",当彼此表达了自己内心的感受后,就会更加明白对方的需求,提升沟通效果,关系也会更亲密。

所以,身处亲密关系之中的两个人,需要为限制争吵的危害而约定一些规则。

1. 争吵要展示积极的一面

即使是争吵，也要主动展示积极的一面。比如，可以认真思考如下几个问题：你和伴侣之间是否很容易接近？两个人之间出现了问题，你是否会回应对方？你们是否有情感的交流，是否关心彼此的内心世界。比如，恐惧、痛苦、愤怒和快乐。如果你们是互动频率高的伴侣，即使争吵，也一定不会滑向彼此伤害的深渊。

2. 不要消极抵抗

正确的争吵利于问题的解决，应付了事的沟通或小心翼翼地避开冲突，看起来似乎表面很和谐，其实谁都没说真话，时间长了就会成为一种假性互动，说明你们沟通时都没有投入感情。同时，也不能以攻击、诋毁、退缩或拒绝等方式去靠近对方。比如，从现场走开、一声不吭，或没有面部表情等，都是消极抵抗的状态。

3. 正视双方的责任

发生争吵一般都不是一个人的问题，谁都可能是挑起争吵的那一方，你可能是挑衅的一方，也可能是没有说清楚自己需求的一方。无论你们发生了什么，都负有部分责任。所以，要时刻提醒自己，你们各自都需要承担一半的责任。发生冲突时，主动把

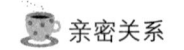

问题归到自己身上。一方说:"好吧,我确实有做得不对的地方。"另一方就会说:"我知道,我也有错。"

4. 为双方的幸福承担全部责任

要想维系亲密关系或收获幸福的婚姻,不是伴侣一个人的责任,而是你们两个人的事。你想要什么或希望双方关系变得怎样,自己就要先改变,把内心需求真实地表达出来,哪怕是以争吵的方式,也好过什么都不说而把责任推给对方。

5. 承认事实,保持坦诚

发生争吵时,很多人都会口无遮拦,但这时候也容易说一些真实的东西。对于对方口中讲述的你的状态,你要敢于承认,同时承认对方对自己的不满。一旦认识到自己确实错了,就要敢于认错。认错不是认输,主动承认自己的不足,反而能够优化彼此的感受,收获和睦的关系。

6. 有意识地控制抱怨

争吵的目的是有所收获,而不是为了挑别人的毛病。看到自己因生气而要大吵时,要问问自己争吵的目的是什么,也就是你内心的渴望是什么。知道自己的内心渴望,向对方承认你的真实情况,争吵才能变得有意义,才能让对方按照你的渴望解决问题。不知道自己为什么而争吵,只是一味地抱怨,很容易陷入报复和惩罚的恶性循环。

那如何辨别你在亲密关系中有没有迷失？在亲密关系中遭遇混乱和痛苦时，如果你将怨恨和抱怨指向伴侣，不断地抱怨他、指责他，不停地攻击他而忘了你自己，你多半已经迷失了。反之，遇到类似的问题，不怨恨、不抱怨、不攻击伴侣，了解自己的内心，更多地了解生命或心灵，你就没有迷失。

遇到痛苦或麻烦时，你就能从指责和抱怨的状态中抽身，不自责，不怨恨自己，而是还原事实，平静地让自己脱离负面情绪。这种成长也才是真正的觉醒与成长。

7. 尽量把伴侣往好里想

发生冲突时，很多人都会把对方想得很糟糕，结果，越想伴侣的不好，自己越容易钻牛角尖。因此，要想将矛盾解决，就要多寻找伴侣好的一面，少去想不好的一面。把对方想得充满恶意，你就会不自觉地出现对抗的状态；反之，把对方想得充满善意，就能抑制自己的警戒心，也会为同情和友好提供空间。

什么是撕毁关系的隐形契约

我们生活在一个人与人随时都要沟通的环境中，任何关系的和谐都离不开沟通。

语言,带有一种潜意识的能力,具有无穷的力量,可以给他人以医治、支持、安慰和祝福,也可以带来伤害、破裂和毁灭。所谓撕毁关系的隐形契约,就是"暴力沟通"。语言的暴力,不会在你身上留下任何伤痕,却能在心上投下永不散去的阴影,甚至毁掉你的一生。这种暴力远比外表的伤痕更严重、更可怕。

在婚姻关系中,存在很多暴力沟通的现象,使用暴力沟通时男女甚至还平分秋色。夫妻之间的语言暴力,就是使用谩骂、诋毁、蔑视、嘲笑等带有侮辱歧视性的语言,侵犯配偶的精神,伤害配偶的心理。

在亲密关系中,冲突不可避免,但冲突期的沟通方式却有很大的差异。关系融洽的亲密关系,使用的往往是"非暴力沟通";而关系糟糕的亲密关系,使用更多的是"暴力沟通"。

下面,我们重点说说什么样的沟通属于暴力沟通。

1. 一直争论对与错

夫妻之间发生冲突时,双方之间不能就事论事,而是一直争论谁对谁错,是转嫁责任的一种表现。当一个人坚持争"对"时,就是将自己的信念和价值观强行加在别人身上。因为他们想维护对自己重要的东西,一旦承认自己"错"了,这些东西便会动摇。所以，为了保护这些东西，一旦发现别人说"你错了""你不对"……他们就会立刻开启防御模式。

真正爱你的人往往会先低头，等你情绪稳定了，再说解决问题的方法，绝不会跟你争输赢。而在所有的关系中，懂得互相服软，轮流低头，才不会走散；懂得低头，家庭才能和睦，感情才能长久。

从本质上来说，争论对错其实就是双方都在极端愤怒中坚信自己是对的、对方是错的。而这种错却不是真正有错，如果一方有错，他就会自觉理亏，反而不会产生反击的冲动，自然也就不会持续争吵。另外，有错方的态度不太强硬，另一方就会觉得自己在态度上已经占了上风，冲突也难以形成。

只有双方都觉得自己没有错，内心才会出现"我对你错"的想法，然后就会挑剔和指责对方，以便用对方的"错"来证明自己的"对"。看到伴侣将责任推到自己身上，另一方也会被激怒，容易反击。这时候，双方都会不遗余力地举证出很多关于"我对""你错"的证据，力图证明自己是对的、对方是错的，双方谁也不服谁，然后就会变成互相指责或抱怨。

在争吵中，双方都有自己的立场和观点，这些观点都应该被尊重和理解。夫妻应该专注于解决问题和改善关系，而不是争论

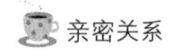

谁对谁错，和谐的婚姻更需要的是沟通、妥协和理解。

2.不言不语的冷暴力

有一种夫妻模式，就是相顾无言，各行其是。除了夫妻双方不善言辞外，这种状态基本上就是病态，我们暂且把它叫作"沉默的婚姻"。这种不正常的婚姻模式或状态，容易使婚姻"不在沉默中爆发，就在沉默中灭亡"。

有个妻子发现，自己和丈夫之间已经没了沟通和交流，她无法理解丈夫的不语，她觉得吃不了苦的男人不是好男人，但对妻子什么都不讲，什么都不说的婚姻，该如何维持？

最近，丈夫很沉默，回到家就一个人坐在电脑前玩游戏或躺在床上玩手机。不找他说话，他就不说话；找他说，最多也就应付几句。家里的氛围很压抑，安静得很，她都不知道该怎么办了。

平时，只要一有空闲，丈夫就会单独行动，一个人外出，也不告诉妻子去哪了。妻子打电话追问行踪，丈夫要么不接，要么随便敷衍几句，也不说自己去了哪里、何时回。

妻子发现，丈夫跟她似乎无话可谈。她是个外向的人，希望平时跟丈夫多沟通，但丈夫在家却沉默得很对。妻子还发现，同事口中的丈夫却是办公室里的活络分子，跟朋友和同事打电话时也是谈笑风生，只有回到家才沉默不语；他跟同事在酒桌上笑容满面，在家庭聚会上却面无表情。

妻子越来越不懂丈夫了，上班的他和下班的他，看似都是他，却又都不是他。妻子失去了继续这段婚姻的信心和勇气。

不言不语是一种冷暴力，遇到问题，不积极处理，就容易造成积压，最终成为压垮婚姻的隐形杀手。

3. 攻击性表达

我们常说的攻击性表达就是埋怨、挑剔、指责和批判。

感到极度委屈时，有些人希望另一半能关注自己、给予自己正向回馈，但说出来的话却极具攻击性。比如："我每天累死累活工作，下了班还得做家务，你倒好，像个大爷一样躺在沙发上玩手机。""都怪我瞎了眼，怎么就嫁给了你。"这些攻击性语言的背后，其实是想表达自己内心的不满和委屈，结果不仅没说出自己的真实感受，反而还把对方臭骂一顿，激发了矛盾。

4. 模糊性表达

模糊性表达，就是在表达自己的需求时语气不那么直接、不清晰，让对方听得模棱两可。比如："希望你能对我好一点儿。""希望你能有点儿当妈的样子。""希望你对我父母的态度好一点儿。"

这种模糊性的词语都是大词，大词进入对方耳朵里，一点儿

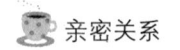

可操作性都没有，当对方听到这些话时，会觉得自己之前做得不好，但想努力又不知道怎么努力。时间长了，就会对夫妻之间的亲密关系造成负面影响。

5. 功利性沟通

夫妻沟通时功利性太强，一说话就奔着解决问题的目的去。比如，"孩子怎么教育""家里的贷款怎么还"，根本不利于夫妻感情的加深。真正的沟通不是非要解决什么问题，而是谈谈心、说说话，拉近彼此的关系，深化彼此的感情。所以，沟通时最好不要带有强烈的功利性，闲聊天往往更好。

婚姻中最可怕的就是语言暴力，但利用好语言，同样也能成就一段好的婚姻，这就是语言的艺术性。所以，不要把语言暴力当作武器，去伤害你在乎的关系和你在意的人，可以将语言转化成爱的助推器，帮你留住自己珍视的一切。

这才是亲密对话的艺术

夫妻之间，有些沟通很简单，有些沟通很麻烦，有些沟通却是死局。

沟通不是普通说话交流那么简单，而是情感的交融和心灵的碰撞。良好沟通的关键之处不在于沟通内容本身，而在于沟通方式。

良好的沟通从心开始，心的姿态就是我们的态度，我们的坦诚、节制、宽恕、包容和专注是沟通成功的秘诀。婚姻的核心就是相互沟通，事实证明，婚姻的失败，多源于失败的沟通。

那么，夫妻之间什么样的沟通方式才是亲密对话呢？

1. 说话要婉转

说话率性容易让人觉得真实，但太过率直容易得罪人，夫妻之间也是如此。说话婉转是以退为进，可以让对方在不知不觉中建立对你的认同，这才是聪明的做法。

有这样一个日常沟通场景。

丈夫工作很努力，一般都是要到很晚才回家。妻子是家庭主妇，长期在家与电视为伴，每天的主要任务就是收拾屋子、清洗脏衣服，或者将饭做好等孩子放学和丈夫下班。

有一天，妻子像往常一样做好了晚饭，但晚上八点多丈夫还没回来。她打电话给丈夫，但得到的回音却是"对方正在通话中"；再打过去，已经关机。她担心丈夫发生了什么事，是工作忙，还是撞车了。最后，甚至还引发了她长期以来的另一个担心，担心丈夫在外面有外遇而离开自己。半夜十一点多丈夫终于回来了。他们会如何沟通呢？

（1）沟通一：

妻子：（大声又急切）你还知道回来啊？我看你是不想要这个家了。

丈夫：（不耐烦）你就知道啰唆，没看到我每天工作很辛苦吗？你能衣食无忧，还不是我辛苦挣来的？

想想看，接下来会发生什么？

（2）沟通二：

妻子：老公，累坏了吧，这么晚回来，我都担心死了，你知道吗？我打你电话没有联系到你，我心神不宁，生怕你有事（委屈欲哭状）。

丈夫：没事，我手机没电了。因为有些事情要加班处理，所以回来晚了。对不起啊（有点儿内疚）。

妻子：你不回来，孩子又早早睡了，我感觉很孤单。我甚至还担心这么优秀的老公被别人惦记上（有技巧的试探）。

丈夫：怎么会呢？家里有这么好的妻子，我怎么舍得？我就想着多工作多挣钱，给你们娘儿俩花呢（走过来抱抱妻子）。

想一下，接下来会发生什么？

不同的沟通场景，第二个就比第一个婉转，沟通双方很有智慧和技巧。既表达了自己的内心情绪，又向对方传达了爱和在意。

2.说话要有幽默感

幽默，是人类进化的最高境界，能够幽默对话的夫妻通常都是高情商的人，三言两语就能活跃气氛，化解尴尬。我们来看下面两对夫妻幽默对话的场景。

（1）第一对夫妻

丈夫性格开朗，为人正直，人缘很好。妻子对周围的人常说的话是："我家那位是个好丈夫，会疼人、脾气又好，但有一点不好，就是太邋遢。"

有一次妻子出差回来，本想好好休息一下，可她刚进家门就发现，屋内乱七八糟，到处都是灰尘。原来，她不在的这几天，丈夫也忙着天天加班，根本没顾上收拾。

看着凌乱不堪的房间，妻子气不打一处来："你也太懒了！平时不干活也就算了，我这么多天不在家，你就不能动动手，搞搞卫生？"她一边收拾脏衣服，一边唠叨："在这种屋里待着你也不难受，活像个猪窝，我看你待在猪窝里还挺舒服！"

丈夫想解释几句，但转念一想，妻子正在气头上，越解释她肯定越生气，不如换个法子。于是，丈夫嘿嘿一笑："就算你说得对，猪也是要吃饭的。今天晚上猪吃什么？"一句话就把妻子逗乐了，妻子气也消了一半，回了一句："猪想吃啥就做啥！"

就这样，一场"危机"烟消云散了。

（2）第二对夫妻

夫妻二人因家庭琐事争吵起来，丈夫是个小心眼儿，把自己关在书房生闷气。中午吃饭时，也只顾着闷头吃饭不说话。

妻子是个有智慧的人，她知道直接跟丈夫说话，他肯定不会接，说不好还会引发新的争吵。于是，等下午丈夫坐在沙发上看电视时，她就开始在屋里东翻翻西找找，似乎在找东西。一会儿掀沙发垫子，一会儿开抽屉，就这样大概找了半个小时，丈夫终于憋不住了，问："找什么呢？"妻子故做惊喜状："啊，太好了，终于找到我老公的声音了。"

丈夫听了妻子的话，笑意一下子泛上眉梢，跟着来一句："小样儿，还挺有创意。"于是，原本弥漫在空气中的硝烟味道就被妻子这一幽默举动轻松化解了。丈夫找到了合理的台阶，还觉得妻子体贴可爱。

3. 表达感受而不是评判

丈夫每天回家都很晚，很多时候都会在半夜12点左右带着一身酒气进家门，妻子很生气。

使用人们常用的沟通方法，妻子说："你还知道回来啊？你干吗不死在外面呢？"其实，当妻子说"你干吗不死在外面"时，不是在表达自己的感受，只是在发泄自己的情绪，用情绪词来表达感受。比如，"我非常难过"就是感受，而"你根本不懂我的心"却是想法。表达感受时，很容易在里面掺杂情绪，如果你不直接将自己的感受表达出来，其他人是不知道你的感受的。

我们所要表达的感受，就是此时此刻的心理状态。比如，我"感觉很生气""我感觉很难过""我感觉很孤独"。可是，很多人看似在表达自己的感受，表达出来的却是对别人的评价和指责。比如，"你从来不关心我""你总是让我失望"。描述自己的感受和评价别人最大的不同就是，前者没有攻击性，容易让对方看见和理解自己；后者则容易引起对方情绪上的抵触。而两人处于对立的状态中，沟通效果一般都不会很好。

沟通时，男性大脑里常常想的是怎么解决问题；女人却根本不在乎或注意解决方案是什么，关注更多的是表达感受。记住，沟通时男人会讲重点，他要表达的就是想法；女人会讲细节，她要表达的是感受。

夫妻沟通时，一定要做好核对，因为有时候你听到的、你认为的不一定就是真的。所以，妻子要问一下丈夫，你要表达的是这个意思吗？多数情况下，丈夫要询问妻子，因为妻子一般都不会用语言来直接表达自己的想法,她表达的是感受,你可能会听错。所以,丈夫要常常问妻子:"你的意思是这样的吗?我听到的是这样的,你是这个意思吗?"这时候,妻子就要尽可能地把自己心中所想清楚地告诉丈夫,告诉他要怎么做才能达到你的要求,怎么做才能让你快乐。

辨别分歧,提前发布僵局前兆

分歧和冲突是夫妻关系中的必然组成部分,回避分歧和冲突并不能维持夫妻关系,反而容易造成离婚。

分歧和冲突是两个人的真情流露,是了解彼此的重要机会和窗口,学会处理分歧和冲突的技巧,有助于创建良好的夫妻关系。只有学会辨别分歧,才能提前发布僵局前兆。

夫妻间的分歧随处可见。比如,一方想要孩子,一方却想丁克;妻子希望丈夫陪着逛街,丈夫却是个宅男,不喜欢动;丈夫喜欢买各种电子产品,妻子却不希望丈夫乱花钱。这些分歧都很难在短时间内改变,但只要正确辨别分歧,就能让双方摆脱僵局,展开对话。一个分歧很可能会长期存在,但如果能在不伤害对方的情况谈论这个分歧,就能巧妙解决问题。

夫妻之间为何会产生分歧呢？原因有很多，其中之一就是一方不尊重另一方的爱好和想法。比如，无论是"要不要孩子"的大问题，还是"逛街买东西"的小问题，都说明对方的爱好或想法没有得到配偶尊重。

有一位非常独立、要强的女性，她和丈夫都事业有成。她自己从来都不是那种小鸟依人的女子，丈夫却觉得自己有时不理解她的想法。比如，下雨时，她希望丈夫能陪她坐在阳台上喝茶、看雨、聊天，丈夫却觉得很无聊，下雨有什么好看的？利用时间多赚点儿钱不行吗？就是睡觉休息也比坐在阳台上看雨实惠得多。

妻子的这个想法看上去很小，却总是难以实现。丈夫甚至还奚落她说："你是不是太闲了，要不我把你送到乡下让你养猪种地，这样你就不会有这些可笑的想法了。"这样的事情多了，最终两人离了婚。

在这件事情中，丈夫既不尊重妻子的想法，也不愿意去了解她，婚姻出现问题是必然的。因此，如果你的婚姻陷入了僵局，无论问题大小，都要考虑一下究竟是配偶的哪个想法激发了冲突，如果一方认为对方不尊重自己的想法，对方却认为这件事不重要，就说明两个人的思想没有达到一致，这样就容易产生冲突和分歧。这时候，最好静下来沟通一下。

1. 承认你的想法

有些夫妻不会表露深层次的个人想法，害怕对方觉得自己不切实际或幼稚，这样就容易引发冲突。正确的做法是，当你有自己的想法时，要主动将其告诉对方，不要将其隐藏起来。

（1）第一对夫妻

丈夫嫌妻子太爱干净，收拾完房间后，他总找不到东西，觉得妻子有控制欲，他感到很厌倦。丈夫只想过无拘无束的自由生活，不想被控制，待在家里可以不修边幅，不整理屋子。

妻子看到家里不整洁又无序，觉得丈夫不体贴，感到特别厌烦。其实，妻子心中的秩序代表了安全和舒适，她不想让自己的生活过得团糟。

（2）第二对夫妻

丈夫觉得妻子处理问题时太感性，喜欢感情用事；妻子却觉得丈夫太理性，不够热情。

在这个冲突中，丈夫有这样的想法可能与他在原生家庭中的成长经历有关。他不喜欢情绪化，做事冷静和理性。妻子却觉得丈夫太过理性，自己却很感性，两人格格不入，让她觉得丈夫待人冷淡。

2. 解决一个陷入僵局的婚姻问题

当你的婚姻陷入僵局时，可以将你的立场写出来，不要批评和责备配偶。同时，还要写下你立场背后的真实想法，解释这些想法来自哪里，解释它们为什么对你如此有意义。另一半则要像朋友一样去倾听，不评判，鼓励对方说下去，挖掘出这些想法背后的真实原因，真正解决分歧。

在婚姻中，尊重对方的真实想法，分三个不同的层次，具体如下：

（1）表示理解。即使不赞同，也愿意倾听。同时，因为重视对方，还会表现出一定的兴趣。

（2）提供支持。为配偶的想法提供支持，包括财力、时间及其他方面的支持。

（3）融入爱人。接受并尊重爱人的想法，跟爱人融为一体，深刻地了解配偶，才是真爱一个人的体现。

夫妻之间出现分歧和矛盾很正常，如何解决这些问题才是最重要的。这里，给大家介绍一些辨别分歧和解决矛盾的方法，具体如下：

（1）沟通。夫妻之间沟通时，要坦诚地表达自己的想法和感受，并认真倾听对方的意见。

（2）尊重。夫妻之间要相互尊重，尊重彼此的观点和想法，不要互相攻击或说侮辱性的话。

（3）妥协。夫妻之间要有妥协精神，都要做出一定的让步，以达到双赢的结果。

（4）寻求帮助。如果夫妻之间的矛盾无法自行解决，可以向专业的婚姻家庭治疗师或心理医生寻求帮助。

（5）理解和包容。夫妻之间要多些理解和包容，要认识到彼此的差异和个性，不要强行改变对方。

（6）建立共同目标。夫妻之间要制订共同的目标和计划，一起努力实现，增强信任和合作。

第六章
化解僵局,"别怕!我们将学会和问题一起生活!"

小心,别中了流沙效应

美国乔治梅森大学的心理学教授托德·卡什丹有一个很著名的流沙理论:当你陷入流沙时,应该停止挣扎,或试着平躺下来,舒展四肢增加接触面积,自己就不会陷得更深,最后才能成功脱困。

夫妻问题的流沙效应,是指小问题如果不能及时解决,很可能会像流沙一样不断地扩大,最终形成一个大问题,破坏夫妻间的和谐。

在夫妻相处的过程中,小问题不可避免。比如,家务分工、金钱管理、亲戚关系,遇到这些问题时,不及时沟通和解决,就容易形成流沙效应,造成夫妻关系的不和谐。发生矛盾时,一方态度不好或不愿意花精力去解决问题,仅让另一个人无奈地妥协,直到问题不了了之,累积在婚姻里的问题,就会渐渐变成两个人感情路上的绊脚石。

通常,小问题积累成大问题会有几个表现。

1. 小问题变成大问题

刚开始出现时可能只是小摩擦,如果放着不解决,问题就会不断地累积,最终形成大问题。不注重婚姻问题的夫妻,发生矛盾后,就会从自己的立场和角度看问题,坚持自我观点,听不到对方的声音,不在乎争吵带来的伤害和后遗症。

其实,有时候夫妻间的摩擦并不会牵扯原则性的东西,都是一些鸡毛蒜皮的小事,关键在于夫妻双方都不懂退让。比如,购买家庭用品时,丈夫喜欢这款,而妻子喜欢那款,如果一方死活坚持自己的意见,而另一方又不让步,就会产生摩擦。其实,只要双方彼此迁就一下,就能退一步海阔天空;只要一方退让一步,很大方地来一句"听你的",就能皆大欢喜。让摩擦升级,严重者会威胁到婚姻生活的安定。

婚姻中小摩擦之所以会不断发生,主要还源于两个人的立场和观点不同,只不过最终都是"为家好"。比如,家里决定买一台车,妻子认为车是代步工具,买个低价位的就可以,省下的钱可以做些别的事情。丈夫却认为车是生命安全的保障，价格低，安全系数就不会高。

两人的出发点都没有错，都是为了家好，如果夫妻二人能够经过商量达成共识，最终可能就会既不要太便宜的也不要太贵的，事情也就完美解决了。如果妻子怪丈夫花钱大手大脚，丈夫怪妻子不顾大局只顾省钱，就会将摩擦升级成矛盾。所以，夫妻双方不仅要有家的全局观念，更要自觉养成凡事商量、尽量统一意见的良好习惯，夫妻间的摩擦自然就会少很多。

2. 小问题背后隐藏的情感问题

小问题背后可能隐藏着夫妻之间的情感问题，不解决这些情感问题，小问题就无法得到真正解决。

夫妻之间的情感问题可能涉及沟通、信任、尊重、支持、理解、关注、爱等方面的内容，夫妻之间存在这些问题，就容易产生不愉快、不满意、无助、孤独等情绪，继而影响到婚姻关系和生活质量。

夫妻之间的情感问题通常都是由多种因素引起的。比如，工作压力、家庭责任、经济困难、性问题、婚姻生活疲劳。这些问题，都会让夫妻之间的沟通变得困难，无法理解对方的需求和感受。这些问题得不到顺利解决，就可能逐渐发展成更严重的问题。

比如，婚姻危机、分居、离婚等。

有一对小夫妻已经结婚一年多，在这期间，他们也发生过多次争吵，有些争吵就是由看上去很小的事情引发的。比如，妻子每次洗完澡都会把浴室弄得一团糟，丈夫即使在夜里也喜欢把手机声音开得很大，两人都看不惯彼此的生活习惯，相互指责批评，因而争吵不断，并互不相让。

在丈夫的童年里，他是被家人忽视的那一个，无论他说什么、做什么，家人都不在乎他；妻子生长在一个家教严格的家庭。从两人的童年经历来看，使他们争吵的并不是彼此的生活习惯，而是互相批评引出了童年时期的创伤，彼此都试图通过争吵去控制对方，而不愿意去正视对方背后的痛苦和情感需要。但很可惜，争吵中的人都是不理智的，否则也不会反复争吵，甚至到最后赌气分开。所以，当亲密关系里出现冲突时，想办法发现问题背后的情绪和情感问题就显得非常关键了。

夫妻之间要得及时关注和解决情感问题，要认真沟通和共同努力，增强相互之间的理解和支持，建立健康的婚姻关系。同时，为了解决情感问题，夫妻也可以寻求一些专业帮助。比如，婚姻咨询、心理治疗等。

3. 小问题的重要性被低估

有些人觉得夫妻之间的小问题不值得太多关注，故而不会及时解决这些小问题，殊不知，对小问题的忽视会给夫妻情感造成负面影响。

夫妻之间的小问题可能表面上看起来不太重要，却可以对夫妻关系产生深远影响。家务分工、时间分配、消费习惯、家庭作息等家庭生活中的小问题，如果得不到妥善解决，就会不断积累起来，最终导致夫妻之间出现矛盾和冲突。

夫妻之间的小问题还可能影响家庭的整体氛围。夫妻之间存在问题，家庭成员就会感到不安和紧张，孩子的情绪和行为就容易出现问题，最终影响整个家庭的幸福与稳定。

夫妻之间的沟通和妥协是解决这些问题的关键，为了保持家庭的和谐和幸福，夫妻应该一起寻找解决问题的方法。

这些小问题就像刚刚启动的流沙，不及时处理，就会逐渐积攒成大矛盾。小问题一般都是由于双方对彼此的行为或态度有不同看法或期望产生的，不及时沟通解决，就会加深彼此的不满和矛盾，甚至演变成婚姻危机。

因此，夫妻之间要时刻保持沟通和理解，及时解决小问题，不要将小问题积攒成大矛盾。同时，夫妻之间也应该多一些包容，尊重对方的观点和习惯，建立和谐的家庭关系，避免形成流沙效应。

没错，我们就是这样感受对方的感受的

恋爱期间，男女双方一般都会积极地关注对方的需求，并给予满足，让对方产生爱的感觉。最开始双方都是有爱的，最后能走入婚姻也是因为爱。但在结婚后，尤其是在头两年的荷尔蒙期消失后，往往就会开始忽视彼此的需求，某一方就会觉得对方根本不爱自己了。这时候，只有正确感受对方的感受，才能重建情感联结。

在有些家庭中，一方总是觉得爱人并不爱自己，对方却坚称这并非事实。这些人之所以感受不到爱，是因为他们无法感受到任何事，无论是好事还是坏事，只专注于思考那些已经发生的事、可能会发生的事或本来可以发生的事。他们将自己的注意力都集中在了这些事情上，以至于错过了对当下的体验。

懂得感受爱的人，往往都能真正体会当下。我们存在的意义就是感受爱，我们因感受爱而存在。

生活中，每个人都扮演着不同的角色，每个角色都对我们提

出了无数要求，很多人看似在社会上能够胜任某一角色，回到亲密关系中却总是被压力压垮而难以自持，与爱人渐行渐远。

爱具有舒缓压力、疗愈身心的能力，无法感受到被爱是痛苦的，但很多人往往过于重视压力，不能正确看待压力，反而想要与压力战斗，或者屏蔽了自己的感受去逃避压力。这样做，无异于本末倒置。由压力而引发的各种情绪，如愤怒、沮丧、狂躁、焦虑等，就像发狂的野马，而无法驾驭野马的我们，更无法驾驭生活。

能够感受到对方感受的人，往往会有这样的想法："哦，亲爱的，你是不是遇到了烦心事？是不是压力很大，压得你喘不过来气？快来，来跟我说说，我也给你讲讲他们的故事。"你看，有的人做得好，收获了爱、喜悦和价值，有的人没有做到，所以他们都还痛苦着。其实有压力不可怕，我们都有，只要学着合理释放压力，去驯服情绪这匹野马，它甚至可以为我们所用，成为沟通感情的桥梁。要记住随时和自己的感受在一起，要记住去感受生活细节之处的美好，不要封闭自己，成为压力的困兽。

那么，如何去感受对方的感受呢？

1. 敷衍式的情感沟通无法获得真正的价值和意义

在夫妻相处中，一般都想获得对方的关注，感觉不到对方的关注，自己就会陷入焦虑中。为了缓解这些焦虑，有些人就去寻求一些浅显的沟通或敷衍，其实真正走心的沟通会表现出很多信号。比如，对方的情绪、姿态、面部表情、语气等。因此，夫妻之间面对面沟通时，一定要留心那些语言背后的信息。

2. 对方倾诉时，你也应该全面参与

全身心聆听，就会留心对方的情绪、对方的表情、对方的语气，而不是仅斟酌语言的内容。比如，尊重对方，投入全部注意力；注意区分对方谈话的目的和方式；注意对方说话的语气；用积极的期待换取积极的回应，不要想着万事都能一蹴而就。

3. 正确认识情绪

情绪本身是自由流动的，本身并无好坏之分。比如，焦虑，在没有失衡时就是一个人进步的动力，否则就会影响整个人的思维、行为和反应，最终可能会阻断这个人去感受被爱，更别提传递爱了。所以，在情绪出现时，大脑不要立刻本能地产生批判、抵制和逃离等想法，可以慢慢认知自己的情绪，通过冥想或正向期待减少对情绪的负向期待，让自己快速地从情绪失衡里走出来，恢复与别人的联结。

4. 想得太多会导致爱得不够

与人相处时，我们一般都会想很多，容易猜疑对方，陷入思维怪圈，从而影响自己与别人的联结。既然无法控制想得太多，就要尽力多想一些好的东西。如果你一下子无法想出更多好的东西，很可能是你感受爱的能力有点儿受损了，可以开始冥想或写感恩日记，记下对方做过的让你感动的事情，让自己再体验一下这些事情。

夫妻之间表达感受的方式有很多种，以下是一些常见的方式。

（1）直接说出自己的感受。直接表达自己的情感，让对方明白你的想法和感受。

（2）通过行动表达。有时候，行动胜于言语。夫妻之间完全可以通过特别的行动来表达自己的感受，比如，送一束爱人喜欢的花、做一顿好吃的晚餐等。

（3）书信或便条。写一封信或便条，也可以表达自己的感受和想法，让对方更深刻地理解你。

（4）坐下来谈心。夫妻完全可以坐下来，彼此倾听，讲述自己的感受和想法，共同解决问题。

（5）使用"我"语言。使用"我"语言来表达感受。比如，"我感到受伤了""我很生气"，就能减少指责，双方更容易沟通。

当然，夫妻之间表达感受的方式不限于以上几种，重要的是要选择适合自己的方式，并真诚地表达自己的想法和感受，避免产生误解。

修复裂痕，治愈我们的爱

婚姻中的裂痕，是情感决裂或意见分歧所表现出来的迹象。婚姻出现裂痕时，有些人会选择放弃，有些人则会拿出更大的勇气来修复裂痕，让爱变得完整。

有些关系不用修复，只需割舍。比如，那些不能为夫妻双方带来好处只会带来伤害的关系；存在难以忍受的行为（攻击性、不宽容、谎言、操纵等）的关系。对于这类关系，最好尽快结束，因为它们会损害彼此的心理、情感和身体健康。如果关系并未给彼此带来伤害，裂痕就要尽快修复，这样才能让爱变得更加完整，才不会轻易分道扬镳。

伤痛是每个人成长过程中或婚姻中难以避免的事情，伤痛的背后都隐含着相应的意义，需要有效挖掘和应用。使用恰当，人生就会发生改变，婚姻也会因此而变得更好。伤痛和苦难虽然会给我们带来暂时的危难，但将来的某一天，你一定会发自内心地感恩过去的伤痛，感恩过去的苦难，感恩过去的经历，让自己变成了一个坚强而又勇敢的人。没有过去的经历和磨炼，就不会有今天的成就和开阔的胸怀，所以真正认识伤痛，接纳伤痛，治愈伤痛，转化伤痛，升华伤痛，也就成了每个人生命中很重要的态度和功课。

要知道，没有什么是永恒的，也没有什么是持久的，要想维持一段关系，每个人都需要发挥自己的最大力量。每个人都有责任为发展和维护和谐的亲密关系做出贡献，尽管困难重重，仍然要在关系中相互滋养。

关于婚姻关系出现裂痕这件事，相信多数人都会倾向于"一个巴掌拍不响"，毕竟婚姻是两个人的事。在婚姻经营的过程中，两个人共同努力，确实能让婚姻更加和谐与幸福，但要想修复裂痕，就要先改变自己，从这个意义上来说，婚姻是否美满就是"一个人的事"。

婚姻本身，就是一场自我提升。所以，修复裂痕首先要从自己做起。

1. 沟通

在一段关系中，沟通非常重要。如果感情出现了裂痕，首先就要坦诚沟通。双方都要拿出最大的诚意，耐心地听取对方的观点和感受，一起寻找解决问题的方法。逃避问题而不解决，问题被积压下来，就会成为无法触碰的伤痛，只有敢于揭开伤疤，才能真正治愈。

有一对夫妻,丈夫喜欢赌博,妻子很不满,但从不跟丈夫说,只会一个人生闷气,直到丈夫把孩子的学费都输光了,妻子才忍无可忍地提出离婚。如果早一些把自己的不满告诉丈夫,让丈夫改掉赌博的恶习,很可能也走不到离婚的地步。

所以,夫妻间要坦诚交流,倾听对方的想法和感受,发现问题并及时解决。

2. 原谅

在感情中,不可避免地会出现矛盾和冲突。一方犯了错,另一方就要学会原谅,给对方一个改正错误的机会。但是,原谅并不代表忘记,双方要一起努力避免类似的问题再次发生。

原谅别人是一种宽容和善良的表现,可以让我们释放内心的怨恨和痛苦,让我们变得更加轻松和愉快,不再沉浸在对别人犯错的耿耿于怀中,而是接受对方的过错并向前看。这种宽容和接纳可以让我们生活得更加自信和积极。

3. 改变

夫妻之间出现了问题,双方都要反思自己的行为和态度,看看自己能否为了修复感情裂痕而做出改变。

有时候,即使是一些小的改变,也能让夫妻关系变得更好。

因为人只能要求自己，要求别人是对别人的一种否定，从某种意义上说，对别人提出要求就是给别人施加压力，未必会起到积极的作用，只会让双方的距离越来越远。

夫妻之间，都要做到不断进步，不断成长。

4. 寻求帮助

有时候，夫妻之间遇到的问题可能太大或太复杂，需要第三方的帮助，这时候为了解决问题，就可以向专业的心理咨询师或家庭治疗师去寻求帮助。

5. 共同规划未来

夫妻之间要共同规划未来，互相支持和鼓励，一起去追求美好的生活。

总之，感情裂痕的修复需要双方的共同努力和诚意，需要时间和耐心。

没关系，缺点不是爱的局限

爱是一种超越缺点和不足的感情，能够包容和理解对方的不足之处。

夫妻之间的爱建立在互相尊重和包容的基础上，不能要求对方完美无缺。夫妻间出现矛盾和问题时，应该通过沟通来解决，不能因为缺点而放弃爱。因为爱是一种无私和包容的情感，只有经过长时间的磨合，才能越来越成熟和稳固。

夫妻之间的相爱并不建立在对方完美无缺的基础上。每个人都有缺点和不足，夫妻之间自然也不例外，但这并不影响夫妻相爱，甚至还能增进彼此间的了解和包容，进一步加深感情。更重要的是，夫妻要互相支持、理解和尊重，共同克服缺点和不足，共同走向美好的未来。

在亲密关系中，接纳对方的不足非常重要。每个人都有自己的缺陷和不足，接受并尊重别人的不足，更容易建立友好的关系，增强彼此的信任和尊重。与他人互动时，应该尝试看到他们的优点，不要将注意力集中在他们的不足上，如此就能让你更好地了解和欣赏对方，建立更加积极和健康的关系。

个人拥有的爱的能力，不是基因，也不是家产，而是一种思维方式。如果你觉得对方值得去爱，就勇敢地去爱；如果你认为自己值得被爱，就勇敢地接受爱。缺点和不足并不是自身的局限，也不会影响爱或被爱。

因优点而爱一个人，充其量只是一种本能。比如，颜值高、温柔、勤快能干、善解人意等，类似这样的特点都可以被称为优点。

我们之所以喜欢这些优点，主要原因是：对方颜值高，可以让你更有面子；对方温柔，可以让你放松并感到舒服；对方勤快能干，你就能少干点儿活儿，就可以慵懒一些；对方善解人意，你就能随意发泄和抱怨……所有这一切，都能让你高兴或获益，甚至不需要怎么付出……

如果这也叫作爱一个人，那么每个人都在深爱着对方！因为爱一个人的优点很容易做到，而爱一个人的缺点，却需要勇气。比如，小气、不守时、东西乱放、耍脾气。类似这样的都可以被称作缺点，任何人都不喜欢这样的缺点！当我们因为这些原因去批评、劝告、抱怨对方时，很可能是你觉得自己在这一刻、在某一点上做得比对方好。冷静下来想一想，其实类似的缺点，自己身上也存在。

爱对方的缺点，不是爱那个缺点本身，而是爱你们之间因为这个缺点而产生的互动。只要对方有一点儿自省的意愿，这样的互动就能让你看到自己，看到你是不是想改变这些缺点。只要你愿意改变自己，对方就会随之改变！所以，尊重和接纳对方的缺点和不足，事实上是接纳自己。

如何关注对方的特质而非缺点呢？有一个非常有智慧的回答：

"你老公有缺点吗？"

"有！多得像天上的星星。"

"那你老公优点多吗？"

"少！少得就像天上的太阳！"

"那你为什么还不离开？"

"因为太阳一出来，星星就看不见了！"

……

"你妻子有缺点吗？"

"有，毛病、缺点一箩筐。"

"那她有优点吗？"

"优点有一车。"

……

不论男女，对方身上一定有着很多我们看不惯的缺点、忍受不了的毛病，但只要我们心中还存有意愿，知道对方还有更大的特质——闪光点，就会忽略对方的不足。

人无完人，世界上没有一个人是完美的，但很多人都希望自己的亲密伴侣是完美的。每个人都有优点，也都有缺点，这样的希望根本就不实际。

夫妻生活在一起，每个都有让人难以忍受的缺点，只想让对方包容、接纳和容忍自己，只要求对方适应，不愿意承认，还不愿意改正，任何人都无法接受。很多夫妻之所以会出现矛盾，多数是因为不肯正视自己身上的缺点。

以一种打死都不改的态度要求对方服软、接纳和包容，是一种固执且幼稚的处理问题的心态。

每个人都有自身的长处和优点，也有着不为外人道的不足和缺点，在多数情况下，伴侣身上的缺点不易改变，但即使无法认同，也要试着学会接受，因为每个人都要接受一段需要忍耐的关系。认识到这一点，你才能和伴侣建立稳定的亲密关系，彼此才能对未来有更贴近现实的期待。

"冲突急刹车"，先抛出你的"理解橄榄枝"

有句话说，想要幸福的人会在发生冲突时先低头。这个低头不是认输，不是无原则的妥协，而是一种理解。无论你是否承认，解决婚姻问题的唯一方法就是达成共识，而达成共识的前提必须有一个人表达对另一个人的理解。在亲密的、充满爱意的婚姻关系中，即使你坚信自己是正确的，也不能完全按自己的方式来处理所有的事情，否则会让另一半觉得自己被忽视，进而危害婚姻。

亲密关系

　　理解是化解冲突的重要方式之一。沟通中之所以会出现分歧或冲突，往往是因为彼此不能理解对方的观点、需求或感受。因此，只要理解对方的立场和想法，就能减少彼此的误解和争吵，从而达到化解冲突的目的。

　　为了达成一致性，你就不能对配偶的意见和要求置之不理，也不能毫无主见地赞同配偶说的每件事，你可以诚恳地接受对方的立场，这就是理解的真正意义。当配偶试着和你讨论某个问题时，你却袖手旁观，或摇头反对，或一味思考不表态，你们的讨论永远不会有任何结果。

　　理解，就是换位思考，这是一种站在对方的立场来看待问题的智慧。古往今来，从孔子的"己所不欲，勿施于人"到《马太福音》的"你们愿意别人怎样待你，你们也要怎样待人"，不同地域、种族、国家和文化的人们，都表达着同样的意思。换位思考，是每个人都应该做到的事。

　　那么，如何用理解来化解冲突呢？下面这对夫妻的对话值得我们学习。

　　丈夫出差了。当时正好是三伏天的中伏，每个人都像羊肉串一样被烤着。丈夫离开第二天，主卧的空调就坏了，妻子给丈夫打电话，问他："主卧的空调坏了，我是直接打电话叫人来修，还是等你回来看看。"

丈夫说:"我明天下午就回去了,你们今天去次卧睡,我回去后看看是怎么回事。"妻子答应了。

第二天,丈夫回到家休整了一下,就搬着梯子去检查空调了,捣鼓了几十分钟,累得满身是汗,空调却依然没有反应。丈夫越弄越烦躁,最后彻底放弃,从梯子上下来。妻子问:"怎么样,弄好了吗?"

丈夫皱着眉,劈头盖脸就对她说:"我在家时,空调好好的,怎么我刚走,你就把空调弄坏了?"

听了丈夫的话,妻子感到又委屈又生气,心想,这么说也太过分了吧,空调正好这个时间段坏了,只不过被我碰上了,关我什么事!妻子张了张嘴刚想反驳,突然看到老公满头大汗,立刻意识到,自己再顶过去一句狠话,势必会换来丈夫更不理智的话语,不如换个说法。

妻子没有攻击丈夫,而是换位思考了一下,觉得丈夫也不容易,于是给他递了条毛巾,并说:"我也不知道怎么搞的,空调跟你一起出差了,你还想着工作完了就回家,空调却玩得乐不思蜀了。"说到这里,妻子忍不住乐了,丈夫抹了一把汗,也乐了,脸上因修不好空调而恼怒的表情也消失了。

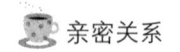

本来就要爆发的一场冲突，因为妻子一句智慧的话语轻松化解掉。丈夫意识到自己刚才说话的方式不好，于是对妻子说："对不起，我刚才不应该指责你。"最后，他们俩一致决定，给空调厂家打电话。

试想一下，如果那一刻妻子没有控制住自己的冲动，任由自己的本能反应发作，结果会怎么样？

丈夫对妻子说："我在家时，空调好好的，怎么我刚走，你就把空调弄坏了？"

妻子说："你有毛病吧，这种事儿能怪我吗？你有本事你不也没把空调修好吗！"（狠狠一戳，正中靶心）

丈夫被戳中了正想掩饰的部分，更生气了："我跟你说了多少次了，用完电器插头要拔掉，你就是不改，要不是你这样，空调能坏吗？我出差累得半死，回来都没休息一下就修空调，你什么态度！"（控诉）

看到丈夫翻旧账，妻子更生气了："又不是我让你修的，还不是你想逞能，是你自己说不用打电话的，自己爱逞能怪谁啊！"（再狠狠一戳）

如果继续这么吵下去，他们完全可能把三个月前的事情、半年前的事情、五年前的事情都扯出来；甚至还会扯出孩子、公婆、岳父岳母、七大姑八大姨……

跟伴侣吵得天翻地覆的人，到最后你问他，你们当时是因为什么事情开始争吵？相信多数人都想不起来最初是怎么吵起来的。所以，面对冲突，要懂得刹车，要洞察出对方这一刻想要的是什么，给对方理解、感激和支持。

真正的夫妻是什么？是在针尖对麦芒的一刹那，心中涌起的一种对对方的心疼，这种心疼就是你抛出的"理解橄榄枝"。夫妻之间有冲突很正常，为了幸福先低头的人、率先给出对方理解的人才是高手。

以下是一些具体的方法，可以帮助我们通过理解来化解冲突。

（1）倾听对方的观点和需求。为了更好地解决问题，在沟通过程中，要尽量多地倾听对方的观点和需求，理解对方的立场和想法。

（2）表达自己的观点和需求。为了减少冲突，在倾听对方的观点和需求时，你也要表达自己的观点和需求，让对方理解你的立场和想法。通过相互表达，更好地理解对方的需求和意见。

（3）尊重对方的想法和感受。对方表达自己的观点和需求时，你应该尊重对方的想法和感受，不要轻易批评或忽视他。看到自己被尊重，对方就能理解你的观点和需求，并能够保持冷静和客

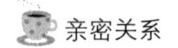

观。当你感到愤怒或充满情绪时，一般都无法理性地处理冲突，这时候要尽量保持冷静和客观，不要将个人情绪带到冲突中去。

（4）寻找共同点和解决方案。在理解对方的观点和需求后，为了缓解冲突，就要努力寻找共同点和解决方案。比如，通过合作和妥协，双方就能得到满意的结果；寻找多种解决方案，找到最适合双方的方案；不要固执己见，要试着寻找妥协的方法。

总之，理解是化解冲突的重要方式之一。只要尊重和倾听对方，表达自己的观点和需求，并积极寻找共同点，你就可以通过理解来减少冲突，建立更好的亲密关系。记住，冲突是亲密关系中经常出现的问题，而理解是化解冲突的关键。

合流篇：
感情留声机，为了那些不该省略的浪漫循环

第七章
经营彼此的心,那是我们的共有财产

自我安抚与互动安抚

所谓自我安抚,是指个体在面临压力、挫折或情绪困扰时,通过自我调节、内部自我对话等方式减轻痛苦、缓解情绪。自我安抚的方式有很多种。比如,深呼吸、放松肌肉、想象美好的事物等。

互动安抚是指在人际交往中,通过言语、行为等方式来减轻他人的痛苦、缓解他人的情绪。这是在人类社会中产生的一种互助行为,可以增强人与人之间的情感联系,促进人际关系的良好发展。

自我安抚与互动安抚都是缓解情绪困扰的有效方法,能够帮助个体更好地适应外界环境,提高生活质量。

合流篇：感情留声机，为了那些不该省略的浪漫循环

婚姻中有一个危险信号，那就是夫妻一方或双方在冲突中被"情绪淹没"。一旦出现这种情况，陷入"情绪淹没"状态的一方，无论是生理反应还是情感反应，都会产生巨大的挫败感和愤怒感。比如，会歇斯底里地说："我再也受不了啦！""为什么你总是指责我？""为什么你会变得如此不可理喻。"除了这些语言特征外，还会出现心跳加快、流汗、呼吸不顺畅等生理反应。

在发生争吵时，不少夫妻都会感到无助、疲惫甚至绝望，觉得婚姻如此艰难，主要原因就是他们没有正确处理"情绪淹没"的问题。在多数案例中，夫妻中的一方之所以没有"收到"另一方的感情修复尝试，是因为倾听的一方被消极情绪淹没而听不到对方在说什么。当一方处于这种状态时，即使是世界上最周到的感情修复尝试，也无法给婚姻带来任何助益。只有进行自我安抚，才能让爆棚的情绪趋于和缓。

如果你也想测试一下在自己与伴侣发生冲突时有没有陷入"情绪淹没"的状态，不妨问问自己以下一些问题：

（1）发生争吵时，你很难快速停下来，更无法平静。

（2）在争吵的过程中，你不会顾及对方的自尊，说一些让自己后悔的话。

（3）无论事情多小，你总会争吵得异常激烈。

（4）控制不住情绪时，你会大喊大叫。

（5）争吵过后，双方会冷战甚至保持距离，有时候彼此都感觉不安。

（6）每次讨论，你都没有收获，反而还会带来巨大的挫败感。

（7）一方不友善时，另一方也会处于失控的状态，比对方还不友善。

（8）谈论问题时，做不到符合逻辑；一旦生气发火，就难以平息。

（9）总会向对方提出不合理的要求，甚至把小问题激化成大问题。

（10）总是因为争论而产生久久无法释怀的消极情绪。

如果以上问题的答案是"是"的占六条或六条以上，说明你们的婚姻需要做一些改善，说明你们在讨论时容易陷入"情绪淹没"状态；如果回答"是"的在六条以下，说明你们虽然有意见不一致的时候，但彼此不会处于明显的敌对状态，沟通时也能较好地控制情绪，不会使问题陷入不可收拾的地步。

处于"情绪淹没"状态该怎么调整呢？需要利用自我安抚和互动安抚的方法。夫妻之间自我安抚与互动安抚是维系婚姻关系的重要组成部分。以下是一些具体建议。

1. 自我安抚

面对压力和困难时，为了缓解压力，夫妻俩都需要学会自我安抚。比如，通过深呼吸、冥想、运动等方式来放松身心。也就是说，需要通过简单的身体语言让配偶知道你需要休息一会儿。

如果想让自己的身心平静下来，这个休息时间大约需要 10~20 分钟，这时候停止讨论也就成了对双方都有利的策略。为了分散剑拔弩张的注意力，可以听听音乐，或看看小视频。也可以仰面躺在床上或闭上眼睛安静地冥想一会儿，将身体的各个部位放松下来，消除组织的紧张感，让紧绷的神经和心情得到舒缓。如果不能立刻进入冥想和放松的状态，也可以选择能抚慰情绪的图景。比如，看看花草树木，看看天空，用大自然的空阔与辽远来安抚自己委屈和渺小的心灵。

只要放松下来，说话的声音就会变得柔和，心跳节奏也会明显放慢，继续讨论，才能取得好的效果，同时也较不容易激怒对方，容易生出同理心，理解对方的善意。

2. 互动安抚

夫妻之间需要互相支持和安慰。当一方遇到困难时，另一方可以通过倾听、鼓励和肯定等方式来帮助对方缓解情绪。只要一方实现了自我安抚，之后只要花点儿时间，就能让对方平静下来。

当然，前提是一定要先让自己冷静下来，才能去安抚对方。事实证明，只要一方能够经常安抚另一方，让对方保持冷静，就不会出现"情绪淹没"状态，从而有利于创建和睦的夫妻关系。

3.表达情感

夫妻之间需要学会表达自己的情感，包括喜、怒、哀、乐等。直接将自己的情感表达出来，就能增强彼此的理解和信任。而要想做到互相安抚，就要坦诚地谈论为什么会让一方或双方陷入"情绪淹没"状态。如果不会表达，可以回答下面几个问题：

你的情绪跟这次争论有关，还是有其他事情憋在心里呢？

对方做什么可以让你的情绪缓和呢？

当你愤怒或想要抱怨时，你会如何提出问题呢？

当你感觉自己或对方出现"情绪淹没"时，可以用什么信号让另一个人知道？你可以先停下来吗？

只有双方认真对待彼此的情绪，才能坦诚地表达自己的情感。

4.共同解决问题

面对问题，夫妻之间应该一起思考解决方案，并共同努力去解决问题，以此来增强夫妻之间的默契。无论对什么问题提出争论，最好的结果都是解决问题。如果争论的结果是两败俱伤，那么对婚姻没有任何益处；如果每一次都是积累问题而不是解决问题，那么时间长了，就会把婚姻推向绝境。

修复婚姻的关键不在于你如何处理分歧，而在于当你们不争吵时，你们是怎样相处的。夫妻之间的友谊，是婚姻的核心所在，能够停下来进行自我安抚与互动安抚，才能让彼此停下纷争，向友谊的方向进发。

构建喜爱和赞美的坚固堡垒

想要让一段婚姻有价值，并让感情长长久久，就要喜爱和赞美对方。即使幸福的夫妻有时也会因配偶的性格缺点而感到怅然若失，但他们仍然能够察觉到对方有值得敬重的地方。

缺乏喜爱和赞美的另一面是"蔑视"，在夫妻互动中，一旦出现了蔑视的情感，就无法感受到彼此的价值和美好；只要夫妻的喜爱与赞美系统仍然在起作用，他们的婚姻就可以被挽救。如果夫妻双方都没有这种感觉，那么夫妻关系也就走到了尽头；如果彼此的喜爱与赞美之情消失殆尽，那么婚姻就会陷入可怕的麻烦当中。若是认为配偶没有值得让你敬重的地方，那有价值的夫妻关系就会失去基础。

现实中，不会赞美和表达喜爱的夫妻有很多，他们的喜爱与

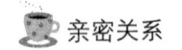

赞美系统已经微弱到几乎无法察觉的地步。他们的爱情之火即将熄灭，要想拯救这种婚姻，最关键的一步是添柴加薪。

走进婚姻的两个人，无论从精神上还是心理上，都渴望被另一半欣赏和关注。丈夫心里想的是："我可以，也愿意为家庭付出自己的努力，但是我需要被看见。"因此，作为妻子，不仅要看见他的努力，还要对他表达感谢和欣赏。表达欣赏不需要说太多的话，也不需要虚情假意，有时候只要说一个"哇"，就能让对方感到被崇拜。

会夸丈夫的妻子是充满智慧的，同理，会赞美妻子的丈夫也是充满智慧的。卡耐基说："女性天生就渴望被人赞美，这几乎成了她们生活的全部乐趣。和女性相处时，千万不要忘记赞美她们。"女人天生就渴望得到赞美，丈夫一句真心的赞美，胜过任何精美的礼物。

在处理夫妻关系的过程中，聪明的丈夫都懂得欣赏和赞美妻子，他们珍惜自己的妻子，以她为荣，会夸奖她、称赞她。加拿大的报刊编辑迪克斯在婚姻指导栏里说："不会甜言蜜语就不要结婚。对男人来说，婚前的赞美，是一种必须。可是在婚后，赞美也是一种必须完成的工作。婚姻不仅应该讲究诚实，还应运用一定的外交手腕。"

合流篇：感情留声机，为了那些不该省略的浪漫循环

夫妻关系是人生中最基本、最重要的人际关系，它关系到生活的幸福、家庭的和谐，乃至事业的成功。

有一对夫妻，妻子的学历比丈夫高，天生丽质，又颇有才情，平时爱写诗，爱读书，总想把平凡的日子过成阳春白雪。但丈夫并没因为自己没有这些爱好而自卑，也没有因此而觉得自己配不上妻子。

丈夫默默无闻地照顾妻子，知道她手脚发凉，就雷打不动地在睡前为她准备一盆热水泡脚。妻子爱吃糖醋里脊，他就跟着视频学了不下十次，一次比一次做得好，直到妻子说"除了你做的，其他地方的都不想再吃了"。看到妻子喜欢诗，每次逛书店他都会给妻子淘一些著名的诗集。

丈夫非常欣赏妻子，在外人面前提起她时，总是一副非常自豪的样子，并对妻子赞不绝口："我妻子非常会做菜，只要给她尝一口，她回家就能做得差不离；我妻子那文采，我们家的生活费基本上都是花她的稿费；我妻子那皮肤，天生丽质，从不用化妆品，真给我省钱；我妻子这个人，不虚荣，不喜欢名牌，就爱看书……"

看到他整天都是"我妻子，我妻子"，别人都感到很好奇，争相一睹她的风采，结果发现她也是个寻常人物，只不过，在丈

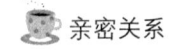

夫的心里和眼里，妻子就是仙女下凡。

由于丈夫经常这样赞美妻子，夫妻俩越过越和谐顺畅。平时只要妻子提到某个诗人和作家，丈夫都能说出一二三来，妻子感到很惊讶，其实，是丈夫知道妻子喜欢这些，私底下做足了功课。结果，两个人的文化素养都提高了。

有一次妻子开新书发布会，上台谈感想，她说："我最好的作品就是我丈夫，他是我的限量版和畅销书。"坐在台下的丈夫眼含泪花，非常感动。

不可否认，这位丈夫是幸福的，由于平时习惯赞美妻子，反倒让他收获了超出预期的感动。可见，婚姻幸福的法宝就是学会赞美。

可能有不少夫妻认为，经过岁月的柴米油盐的浸染，老夫老妻早已没有闲情发现对方的闪光点，更无法生出喜爱和赞美之情。如果你不想让婚姻走向枯萎，就要学会喜爱和赞美的技巧。

想要评价自己的喜爱与赞美系统的现状，可以回答以下问题。

（1）你很容易在伴侣身上找到让自己佩服的几件事。

（2）当配偶不在身边时，你很想念对方。

（3）你经常会对配偶说"我爱你"，并愿意亲吻和抚慰配偶。

（4）配偶很尊敬你，你觉得自己被对方喜爱。

（5）夫妻之间充满激情，性生活和谐又兴奋。

（6）彼此经常营造浪漫的氛围。

（7）如果有来世，你还愿意选择现在的配偶。

（8）彼此欣赏对方的才能和成就。

以上这些问题，如果回答"是"的占大多数，说明你们的夫妻关系非常稳固，运用喜爱与赞美也非常多。如果回答"否"的占大多数，说明你们在喜爱和赞美方面做得不够，需要继续努力学习，需要试着发现对方的优点，喜爱和赞美对方。

夫妻之间表达喜爱和赞美的方式多种多样，以下是一些常见的方法。

1. 说出口

夫妻之间可以直接说出自己的喜爱和赞美。比如，"我真的很爱你""你做得真的很棒"等等。

2. 写情书

写一封情书给对方，表达自己的感受和赞美，让对方感受到自己的深情。

3. 送礼物

送对方喜欢的礼物，表达自己的关心和爱意，让对方感受到自己的用心和真诚。

4. 做饭

为对方做一顿可口的饭菜，表达自己的爱和关心，让对方感受到自己的贴心和温暖。

5. 肢体语言

夫妻之间可以通过肢体语言表达自己的喜爱和赞美。比如，拥抱、亲吻、握手等。

总之，夫妻之间表达喜爱和赞美的方式多种多样，关键是要用心、真诚和适时，让对方感受到自己的爱和关心。

解决冲突的工具箱：弥补、协调和满足

一对夫妻从新婚宴尔到相守相携，面对生活的各种压力，难免产生分歧，冲突更是不可避免。

不过，虽然冲突不可避免，但只要使用正确的方法，就能控制事态升级，将夫妻双方最好的一面发挥出来，用弥补、协调和满足等方法去解决冲突。可以根据具体情况和冲突性质对这三种方法进行选择和运用。

1. 弥补

夫妻之间发生矛盾和冲突时，双方应该及时采取措施来弥补

对彼此的伤害。所谓弥补，就是使用一些方式来弥补冲突中造成的损失，让双方都能得到补偿或满足，从而减少对方的不满和反感，主要方法包括道歉、认错以及给对方一些关爱和关心等，以此来缓解双方的紧张情绪，增加夫妻之间的感情联结。

一般来说，要让对方得到弥补，可以考虑以下几点：

（1）真诚道歉。如果你的行为或言语伤害了对方，首先就要真诚地向对方道歉，并表达你的诚意和愿意弥补的决心。矛盾发生后，一方真诚地向另一方道歉，往往会得到对方的原谅，不会让矛盾升级。如果明明发生了冲突，却以沉默对抗或互不理睬，就会让矛盾越来越大。如果实在说不出口，可以做一张道歉卡，写点儿只有你们俩才知道的小秘密，相信对方一看就会明白你的道歉之意。

（2）补偿。如果你的行为或言语给对方造成了心灵伤害，可以通过外在的物质补偿来表达自己的诚意。妻子可以为丈夫买礼物，丈夫可以为妻子买花，也可以给予经济方面的支持。在情人节等节日期间，如果能送妻子一份礼物，更能起到此时无声胜有声的效果。

（3）改变行为。如果你的行为或言语反映了你的态度或价值观，那么建议改变自己的行为，以表达对对方的尊重和关爱。

（4）给予关注。如果你的行为或言语让对方感受到了冷落或忽视，可以适当地给予对方关注。比如，关心对方的近况、主动与对方沟通等。

总之，如果想让对方得到补偿，就要以诚心和行动来表达你的意愿和决心。

2. 协调

如果说弥补是单方面做出的让步，那协调则是双方同时对于化解冲突所做的努力。所谓协调，就是通过不断地沟通和协商，让双方都能达成某种共识或妥协，从而解决冲突，避免造成更大的损失或争端。

夫妻之间之所以会出现矛盾和冲突，往往都是因为双方的观点和想法不一致，而要想解决这个问题，就要沟通与协调。在协调的过程中，双方应该认真倾听对方的意见，尊重对方的感受，寻找双方都能接受的解决方案，尽可能满足夫妻双方的意愿，实现双赢。

夫妻之间的合作能否取得成功，关键在于冲突的具体情况，特别是双方能否满足意愿，各取所需，实现双赢。在共同的目标下，夫妻双方很可能就会放弃原来的冲突，寻求合作。

协调解决问题需要以下步骤：

（1）明确问题。首先，需要明确问题的性质和范围。其次，明确问题的具体内容，以及问题的影响和后果。

（2）制订解决方案。根据问题的性质和范围，制订解决方案，可以采用多种方法。比如，召开家庭会议，写下各自期望的解决方案等。

（3）协作解决。将方案摆出来，进行讨论和协商，寻求共识，达成一致，制订出最终的解决方案。

（4）实施方案。根据最终确定的解决方案，开始实施，然后追踪执行进度，确保方案的顺利实施。

（5）评估效果。对解决方案的效果进行评估，检查是否能够解决问题，如果不能，需要再次协商，重新制订方案，直到问题得到解决为止。

3.满足

如果夫妻双方的需求和期望不同，也容易产生矛盾和冲突，从这个角度来说，只要满足了对方的需求，就能解决矛盾。所谓满足，就是尽量满足对方的要求或利益，让对方觉得自己得到了应有的尊重和权益，从而达到心理上的平衡。

在满足对方需求的过程中，双方应该互相理解、支持和尊重，共同维护夫妻之间的感情。

（1）倾听对方的需求。双方之所以会发生冲突，多数情况是因为不知道对方真正的需求是什么，对方喜欢吃苹果你非得给他吃梨。因此，了解对方想要什么，为什么想要，你就能更好地了解他的需求和期望。

（2）尽可能满足对方的需求。如果你能满足对方的需求，就尽可能地去做，不要让对方感到不满意或不愉快。

（3）提供可行的解决方案。如果不能完全满足对方的需求，就提供可行的解决方案。

（4）保持开放的沟通。与对方保持良好的沟通，你就能更好地了解他的需求，并找到解决方案。

（5）尊重对方的需求。尊重对方的需求和期望，有助于建立良好的关系并促进合作。

爱人、亲属、朋友

夫妻关系是一种特殊的人际关系，既包括爱人之间的亲密关系，也包括亲属之间的关系，还包括了朋友之间的信任和支持。就像有句歌词唱的那样："两个人相互辉映，光芒胜过夜晚繁星。"

幸福的夫妻是家庭的支柱。夫妻和顺，对上就是孝敬，对下就是教育。每个人都是从原生家庭中脱离出来组建自己的小家，既独立又不独立。上面有父母，下面有孩子，中间这环做得好与不好，意义重大。所以，夫妻都该义不容辞地担任起自己的职责，用心去经营生活，打造一个美好、和谐的家庭。

一个家庭是否幸福和谐，需要两个人共同承担、维护、理解和认识。仅靠一方维护，是得不到幸福的，双方需要共同理解、共同承担、共同维护、共同认识，互相尊重、互相体贴、互相爱慕，才能产生"夫唱妇随"的感觉，才能到达幸福的彼岸。

夫妻关系是一种爱人关系。夫妻双方是相互依赖的伴侣，在生活中共同承担着家庭责任，需要相互关心、照顾、支持和理解。爱情是夫妻关系的基础，但夫妻之间的关系除了爱情，还包括责任和义务。在夫妻关系中，对爱情和婚姻的忠诚处于第一位，因为有爱、有情才能让爱人关系永续。

夫妻关系是一种亲属关系。夫妻之间没有血缘关系，因婚姻关系而成为亲属，当下一代出生后，就成了两代人血浓于水的关系。另外，夫妻是通过婚姻关系结合在一起的，婚姻关系是法律认定的一种亲属关系，不仅明确规定了夫妻之间的权利和义务，还将夫妻关系视为家庭关系的基础。所以，夫妻双方要像对待亲人一样对待彼此，不要把坏脾气留给彼此。

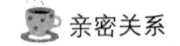

夫妻关系是一种朋友关系。夫妻也是朋友，可以给予彼此更多的支持和理解，丰富夫妻双方的生活。因为在成为夫妻之前，彼此都是以男女朋友相称；最终成为夫妻，也是从朋友关系进一步发展而来的。也就是说，是先做朋友再做夫妻，所以夫妻关系也是一种特殊的朋友关系。

钱钟书曾用一句话形容过他与杨绛的爱情："妻子、情人、朋友。"这就告诉我们，爱情离不开朋友关系。同时，也像杨澜说的那样："好的婚姻，最终的状态就是你们之间除了爱，还有肝胆相照的义气，不离不弃的默契，共同孕育的成长，以及铭心刻骨的恩情。"有时候我们会发现，朋友往往比夫妻更好相处，好的友情甚至比婚姻还长久，这是因为朋友之间可以彼此接纳，比夫妻之间有更高的包容度。

总之，夫妻关系是爱人、亲属和朋友三种关系的综合体现，相互之间的关系会影响到家庭和个人的幸福与稳定。以爱人的身份相处，要知道对方是这辈子给予自己爱情的人，要平等和谐地携手走下去；以亲属的身份相处时，要知道对方是自己最亲的人；以朋友的身份相处时，要用对待朋友的真心去对待彼此，不要放纵自己的情绪，不要把对方当成可有可无的存在，要用真心去换取真心，让你们的友谊天长地久。

即使存在错误，也别让对方走投无路

作为普通人，每个人都会犯错，因此我们应该尝试让对方感到安慰，而不是让对方感到绝望和无助。指出别人的错误时，应该以温和、尊重和关心的态度来表达，而不能用攻击、挑衅或嘲讽的语言；应该帮助对方找到解决问题的办法，不能让他们感到无助和失望。处理矛盾时，要保持耐心和同理心，帮助对方克服困难，并重新找到自信和动力。

即使对方真的存在错误，也不要让他走投无路，就像早年流行的一句话："请放爱一条生路。"

从一开始，李明和小红就有着迥异的家庭背景和性格。李明成长在一个家教严谨的家庭，从小就养成了自律和负责任的习惯，而小红则是在一个较为宽松的环境中长大，她乐观开朗，喜欢尝试新事物。尽管他们的性格迥异，但正是这些不同让他们相互吸引，开始了他们的爱情故事。

在相处初期，他们通过相互了解和适应，逐渐发现了彼此的优点。李明被小红的乐观和热情所吸引，而小红则欣赏李明的稳重和有责任感。在彼此的影响下，他们也在相互包容和尊重中逐渐成长。

结婚后，他们开始面对更为复杂的生活。有时，李明会因为工作繁忙而忽略家庭，小红则因为忙于提升自己而疏于家务。然而，他们始终在相互理解和体谅中寻找平衡。李明意识到家庭的重要性，开始调整工作节奏，多抽出时间陪伴家人。小红也明白李明为家庭的付出，她放慢了前进的脚步，开始把更多的精力投入到家务和家庭中。

一次次困难，让他们更加明白相互扶持的重要性。在他们的生活中，无论是面对工作上的压力，还是生活中的琐事，他们总是相互扶持，共同度过。在他们的生活中，尊重和体谅贯穿始终。

回顾他们的历程，从性格迥异的两个人到相互扶持的夫妻，他们经历了许多。在这个过程中，他们学会了相互尊重，互相体谅。他们不再是两个独立的个体，而是一个团队，一个不可分割的整体。他们的故事告诉我们，只有相互尊重、互相体谅，才能让夫妻关系更加成熟美满。

婚姻中，一方难免会出现错误，如果对错误难以理解和忍受，可以选择结束婚姻，切忌把对方逼进死胡同，死缠烂打和得理不饶人都是非常幼稚的做法，会伤人也会伤自己。

合流篇：感情留声机，为了那些不该省略的浪漫循环

林华和李婷是高中同学，高中毕业后，两人互相爱慕，开始了一段青涩的恋情。大学毕业后，他们步入了婚姻的殿堂。

结婚后的生活开始时都是美好的，但是随着时间的推移，林华在工作中遇到了一些挑战，心情逐渐变得压抑和沮丧。他开始在酒吧里消磨时间，和一些不三不四的人交往。一天晚上，在回家的路上他看到一位女同事脚崴了，就送她回家。这位女同事对他的帮助非常感激，然而，李婷却对林华产生了误解。

这件事发生后，林华意识到了自己这段时间的消沉给家人带来的痛苦。他深感内疚，决定改变自己的行为，不再流连于酒吧，并且开始寻找更好的工作机会。

李婷知道林华的难处，但她也明白林华需要为他的行为负责，她选择了原谅。她知道，只有通过困难和挫折，林华才能真正成长。她坚信他们的爱情能够战胜这一切。

随着时间的推移，林华逐渐从这段阴影中走出来。他开始更加珍惜家庭和妻子，努力工作，不再沉迷于酒吧。他逐渐从这段经历中吸取了教训，变得更加成熟和稳重。李婷也看到了林华的改变和努力，她感到很欣慰，也选择了慢慢忘记过去的不愉快。

这个故事告诉我们，夫妻之间出现矛盾在所难免，但关键在于彼此是否能够相互理解、相互支持，以及是否愿意为了彼此的

未来而努力。在林华消沉的时候,李婷选择了原谅,这给了林华改正错误和成长的机会。

所以,理直也不要气壮,得理也要饶人。在生活中,得理容易,饶人难;理直气壮容易,理直气和难。但是一个真正有修养的人,可以做到"得理也饶人,理直气又和"。

第八章
信赖评估，一段关于"我"和"我们"的爱情成长史

当他说："我希望你和以前一样！"

当夫妻一方对另一方说"我希望你和以前一样"时，其实潜台词就是"你变了，你变得不再像以前那样了"。

在时间的推移中，每个人都会不断地成长和变化，即使最初特别恩爱的夫妻，也会出现或大或小的摩擦，让原来和谐的婚姻慢慢变得不再充满激情，让原本相爱的两个人感叹爱人变了。

俗话说："冰冻三尺，非一日之寒。"其实，夫妻间的隔阂一般都不是突然出现的，既然能够成为夫妻，当初彼此一定很相爱，而后来之所以会产生隔阂，部分原因是疏于沟通，对对方关心不够，或者彼此之间对小事过于计较，时间长了，产生了距离，形

成了隔阂,情况严重的可能还会导致婚姻危机。

夫妻之间相处的时间长了,可能会渐渐没有了聊天的话题,即使在一起,也是大眼瞪小眼,没什么话可以说,感觉特别尴尬。一旦出现了这种情况,那就说明两个人之间的关系已经进入了瓶颈期。这种感觉会让人心生悲凉,这样的婚姻也容易出现问题。

我们来看一个案例。

阿云觉得自己的婚姻出现了问题,主要原因是她和丈夫之间出现了交流障碍。两人已经结婚五年,以前两个人都是有说有笑,一部电影或一个笑话都能聊上半天,现在不管说什么,丈夫都会表现出一副不耐烦的样子。比如,丈夫平常最晚七点钟就会到家,这天阿云等到八点钟,丈夫依然没回来,她担心他出事,就打电话过去,结果丈夫接通电话后回道:"我难道还能死在外面不成?"

周末,阿云早早起来洗衣服,里里外外找遍了,都没找到丈夫前一天换下来的衣服,于是便问躺在床上的丈夫:"你昨天脱下来的衣服哪去了?"丈夫生气地讽刺道:"在我手里。"然后,还不忘数落一句:"就知道问,不知道找啊?"阿云很委屈,然而不等她把话说完,丈夫就来一句:"对对对,你说的都对,权当我没说。"就这样,沟通通道被堵得死死的。

阿云认真思考着，过去两人可不是这样，到底是哪里出了问题，让两人连正常的交流都变了味道？看到丈夫不想说话，阿云也不再没话找话，于是两个人进入了一种零交流状态。阿云偶尔向丈夫抱怨自己很辛苦，丈夫却说她矫情。再后来，阿云习惯了一个人默默承受。最终，结婚不到十年，两个人就变成了你过你的，我过我的，成了最熟悉的陌生人。

当你怀疑和自己在一起的这个人，是否符合自己亲密爱人的标准时，实际是对自己能力的不自信，怀疑对方的同时，就会越来越厌倦现在的生活。其实你厌倦的不是生活，也不是伴侣，而是无能为力、日复一日的自己。因为你是自己生活的创造者、关系的创造者。

当我们在感情和婚姻中迷茫、痛苦时，不要迫切地想找一个灵魂伴侣，否则就搞错了方向。那么，亲密的爱人该怎样相互影响呢？

1. 有爱的能力

真正的爱是理解、允许、宽容、付出和成就，而不是以爱之名传递痛苦。想要伴侣爱你，就要先爱他。付出什么就会得到什么，才是婚姻的真相。要想得到幸福，就要从现在开始付出真正的爱。

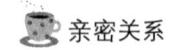

你以往的关系和生活皆由你的认知所创造，这些经历的最大价值就是让你在生活中醒悟。醒悟之后，带着爱的认知去生活，你会发现生命中的一切都是对你的验证，验证你能否真正相信爱、传递爱，只要通过了验证，你就能收获到意想不到的惊喜！

再告诉你一个真相，爱能兑换一切。伴侣会随着你的变化而发生变化，随着你的进步而变得进步。

这世界上原本就没有对的人，只有在某个时刻合适的人。同样，世界上也不存在完美爱人。所谓的完美，都是某个时间段的完美，而婚姻永远是动态的平衡。放弃了经营和制衡，今天的完美也就会变成明天的不完美，你今天眼里的"对"也会成为明天的"错"。另一半并不能弥补你生命中的缺失，只有相对完好的自己、不断成长的自己，才能吸引与你匹配的、不断成长的伴侣，然后一起动态地相爱，有智慧地冲撞，经营出美好的婚姻。

2. 相信每个人都是独一无二的

好的伴侣都是跟自己类似的人，不是长相类似、收入对等、地位相当和年纪差不多，而是心灵的感悟有很多共同点，可以互相升华，可以互相感悟到对方的"心"，即"心有灵犀一点通"。

每个人都具有独特且独立的身份，在任何关系中，对方都具有体验自己人生的权利或体验错误的权利。我们不要对对方充满

"挑剔"和"评判",我们总认为我们是对的,是绝对正确的。这本身就是一个错误。每个人都是独一无二的,每个人都有自己的优点和天赋,要认识到生命的无限和自己的局限,不要妄下评判,不要因自己的偏见而否定一切。接纳和尊重别人的身体、感觉、想法和决定,对别人使用言语或肢体的暴力,总想过度影响或控制别人,只会将对方越推越远,最终成为孤家寡人。

3. 互留空间,夫妻才有新鲜感

很多人认为夫妻之间应该亲密无间,彼此没有任何隐私,但还有一种观点认为,夫妻之间相互吸引的源泉不在于袒露无遗,而在于保有一丝神秘感。这种神秘感源于夫妻间不断地发展自身,给自身和婚姻不断加入新的内容。夫妻俩一直都没变化,总在对方的眼皮子底下晃来晃去,整日的耳鬓厮磨或形影不离,并不是长长久久的状态。因为,在一成不变的环境中,人们会感到厌倦。

夫妻之间就像是相互取暖的刺猬,只有保持适度的距离,才能和谐相处,不被彼此刺伤,就像俗话说的"距离产生美"。夫妻相处,更要遵循"刺猬法则",女人把全部身心都扑到男人身上,太重的爱反而会让男人感到压力大,甚至产生窒息感。反之,如果男人因在乎女人而失去了自我,也就失去了男性的魅力。

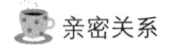

只有在自我成长和互留空间的基础上，才能渐渐找回从前的彼此，不会因为时间变化而各自停在原地打转，变成互不吸引的"陌生人"。

不如一起来处理过去吧

发生矛盾后，哪对夫妻能说清楚谁对谁错？

夫妻二人的出发点，大多都是为了"让家庭变得更好"，只不过各有各的执念罢了。而心理学家发现，争吵后能迅速翻篇，甚至主动求和的一方，往往更善于经营家庭，具备更高的情商，表现出的抗压能力也更高。

如果两个人都希望婚姻像堡垒一样坚固，那么即使出现了矛盾或冲突，也不会翻旧账，他们会向前看，在冲突过后学会成长。

心理学上有一个名词叫"复原力"，是指一个人或一段关系的抗打击能力，也就是如何在逆境中快速恢复到原来的或更好的状态中的能力。在发生争吵后，夫妻双方能迅速恢复平静，理智地处理两个人之间的问题，就是"复原力"的较好体现。

能够心平气和地一起处理过去，夫妻间往往会有如下对话：

夫：我们之间的过去，总是让我感到不安。

妻：我知道，我也有同样的感觉。

夫：我们需要一起面对，否则永远无法放下。

妻：是的，我同意。我们可以从谈论我们的感受和经历开始。

夫：也许我们可以写下来，然后分享。这样我们可以更好地理解彼此。

妻：好主意，我们可以把它们放在一起，然后找到解决方法。

夫：我们也可以找到一个专业的心理医生，帮助处理这些问题。

妻：是的，这是一个好主意。我们可以一起去看心理医生。

夫：无论选择什么方法，我们都需要一起去处理我们的过去，这样我们可以更好地向前迈进。

妻：是的，我同意。我们一起努力，让我们的未来更美好。

每次争吵都是夫妻之间的一次成长，因为只有争吵才能发现问题，并努力解决问题，让双方变得更合拍，朝更好的方向发展。

在生活的点滴中，经过这样的磨合，夫妻就能达到你中有我、我中有你，只要看对方的一个动作，你就能知道他要干什么；只要你一开口，他就知道你要说什么。

夫妻之间有争吵不可怕，重要的是能在争吵中不断地成长，能听到对方的倾诉，知道对方需要什么。

那么，如何正确对待过去出现的情感问题呢？

1. 理智地对待夫妻感情

夫妻之间出现任何感情问题都是正常的，而要想解决问题，就要理智地对待彼此的感情。在处理问题时，先要确保自己的心情是愉悦的，看什么都是美好的；如果心情不好，无论看什么，都会烦躁不已。夫妻双方不要针尖对麦芒，不要针锋相对，不要没头没尾地争吵，否则会伤了彼此的和气，伤了彼此的感情，伤了彼此的心。

2. 冷静处理出现的问题

夫妻之间发生了矛盾，要冷静对待，理智地寻求解决办法，尽快言归于好，千万不要走到冷战、互不理睬的地步，否则只能让夫妻感情越来越糟。所谓冷静，就是不急不躁，耐心地与对方沟通，找到出现问题的原因，找到解决问题的办法。

3. 要学会遗忘

夫妻之间出现了摩擦，争论就不要再纠缠，把一切都忘在脑后，以前怎么相处现在还怎么相处，千万不要没完没了地吵个不停，否则只能让夫妻之间出现隔阂，让家里变得死气沉沉。

夫妻间发生了争吵，要就事论事，说过了就放下，把过去的不愉快都遗忘，脑子里只记得对方的好。

评估彼此的爱，为挑战喝彩

爱情是一种挑战，需要我们面对许多困难，需要我们付出很多努力。然而，正是这些困难和挑战，让爱情变得更加珍贵和有价值。

在爱情中，我们要学会忍耐、理解、包容和信任，要与伴侣沟通，共同解决问题，一起成长。生活中遇到的困难和挑战，会让我们变得更加成熟和坚强，会让我们更加珍惜和感激所拥有的爱情。从这个意义上来说，评估彼此的爱，为挑战喝彩，就是在表达对爱情的敬意和认可。要想让爱情变得更加坚固和持久，面对困难和挑战时，就不能轻易放弃，就要勇敢地迎接。

伴侣相处通常会涉及五个阶段，每个阶段都有不小的挑战。

第一阶段，两人感情很好，充满了热情、亲昵和兴奋感，一切都是梦想中的婚姻关系。

第二阶段，两人相处仍然美好，不过有些东西消失了，可能是激情退去或兴奋感消失，不过这段关系依然可以持续下去。

第三阶段，两人丧失了爱和内在联结，只是因为"不想麻烦"

才住在一起，因为分手可能会出现经济纠纷、社会关系的变化，甚至情绪上的不便。两人继续住在同一个屋檐下，却没有互动，伴侣变成了相敬如"冰"的室友。

第四阶段，一方正计划逃离，会直接放话威胁另一方，或暗自计划且下定决心。

第五阶段，两人正式宣告分手，即分居或离婚。

想想看，你认为你们的婚姻正处于哪一阶段？你的伴侣认为他在第几阶段？如何自我成长，才能提升这段关系？你是否认为这段关系已经不值得努力，可以完全放弃了？

现实中的爱情并不像我们渴望的那么完美，每一段恋情、婚姻开始时都是美好的，但当我们走近对方后才会发现，美梦会渐渐破灭。爱情里的伤心、痛苦和后悔，会让我们觉得那个曾经让自己奋不顾身，甚至以性命相托的人转眼间就变成了十恶不赦的坏人。

挫折可以毁掉一个人关于人生的美好梦想，我们会把挫折都归结于对方，责备对方的变化和背叛，给彼此带来了痛苦，让爱情失去了美好的模样。之后，自己另起炉灶、换汤不换药地寻求新的伴侣；或者变得消极、怀疑，学会了防范、自卫。这时候，爱情已然成了让我们痛苦的根源，我们不得不花费大量的精力动脑筋跟另一半周旋。但是，这样做，并不能让我们真正地成长。

每个人的内心都有一个"内在小孩"，它的健康程度决定着我们的生活、性格和与他人相处的模式。没有被疗愈的"内在小孩"，就像一个操控我们肉体和精神的掌控者：不愿意看见真相、不愿意承担责任、一直辩解自己是正确的。要想解决这个问题，关键是要真正看见自己的问题：自己为什么会痛苦，为什么会失败，为什么会重蹈覆辙？为什么原本相爱的两个人，生活在一起后，时间长了，关系深了，就会出现很多无法理解的行为？

其实，当一个人进入亲密关系中时，他在普通人际交往中无法显现出来的"内在小孩"所受的各种创伤，就会慢慢显现。这也就是说，如果一个人的"内在小孩"觉得这个关系足够安全，他的内在就想通过这个关系修复早年所受的创伤，这是一个无意识的过程。而且，当伴侣双方的亲密关系越来越深时，显现出的问题也会越来越多。这时候，亲密关系就会受到挑战。这也是很多人都觉得伴侣在外面很正常，只要一回到家就容易发脾气和负能量爆棚的原因。只有尽快疗愈早年的创伤，亲密关系才能更加稳固，否则很容易出现二次创伤。

想要维系一段良好的亲密关系，修复力与疗愈能力都至关重要。这也是双方对于自身的挑战。但是，很多人根本没有处理创

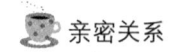

伤与觉察自己的能力,两个人的"内在小孩"所受的创伤也各有不同,又没有处理各种创伤的专业技术。难道创伤就无法处理了吗?当然不是!因为爱可以疗愈一切。

心中有爱的人,能理解和接纳对方。一旦亲密关系在爱中得到滋养了,很多创伤就会慢慢得到疗愈,但前提是其中一个人先认知到自己的创伤和模式,并摆脱自身"内在小孩"的操纵。

其实,评估爱就是评估自我,了解自己是个什么样的人、有什么样的性格、心中有没有一个"内在小孩"。然后,做好自我疗愈,才能真正地爱别人。

情节回忆录,在历史中寻觅美好

夫妻相携走过的路,都充满了回忆,有美好的,也有艰难的。当夫妻关系被消极情绪包围时,回忆的情节就会被消极情绪打败,即使有美好的回忆,也很难重现。

多数夫妻是带着很高的期待步入婚姻的,身处幸福婚姻中的夫妻往往会深情地回顾他们早年的生活,即使婚礼不完美,夫妻俩也会记得那些精彩部分而不是遗憾之处。他们记得彼此早年是多么自信、见面时多么激动、相处时多么喜爱对方;相携共渡难关时,他们会称赞彼此的努力,会从那段齐心协力的岁月里汲取力量。但是当婚姻进展不顺利时,事情就会往不好的方向发展,因为彼此的消极情绪太强烈,这些消极情绪犹如石头构筑,坚固无比。夫妻双方都会从负面角度对配偶做的每一件事或曾经做过的事重新定义,随着时间的流逝,就会创造出一个负面剧本,让消极情绪成为婚姻的主宰,最终只能走向离婚。

爱情的滋养,高质量婚姻的打造,需要回忆一些美好的情景。当一对夫妻在回忆恋爱的甜蜜、婚礼的完美、蜜月的浪漫时,多半都会意识到对方就是自己深爱的人!

试想以下的场景:

一对夫妻坐在沙发上,手牵着手,回忆着过去的美好。

妻子问道:"还记得我们第一次相遇时吗?"

丈夫回忆道:"当然记得,那时候你穿着一件白色的连衣裙,站在花园里,阳光照在你身上,真是美极了。""那时候我就知道,你就是我要找的那个人。"妻子笑着说。

"我们的第一次约会也很有趣。你当时点了一份比萨,结果我吃了一半,你假装生气地问我为什么不点自己喜欢的口味?非要一起吃一份。其实那是我故意的,就想着和你分享同一份比萨,觉得那样浪漫。"丈夫回忆道,两人一起大笑。

"还有我们的婚礼,那天我穿着一件美丽的婚纱,我觉得那一刻的自己比任何时候都漂亮。"妻子温柔地说。

"那时候我也感觉到了,我终于娶到了世界上最漂亮的女人。"丈夫说着,轻轻地吻了一下妻子的手。

两人继续回忆着往事,那些美好的瞬间仿佛就在眼前,让他们感到幸福和温暖。

在回忆中能够寻觅到曾经的美好,即使婚姻正在承受着某些考验,这些美好也能起到一定的修复作用,保护婚姻不受到太大的伤害。

有一对夫妻,生活中争吵不断,其实都是一些鸡毛蒜皮的小事,却将原本好好的生活搞得一地鸡毛。他们想要离婚时,去找婚姻咨询师。咨询师拿了两张纸,递给他们,让他们把最美好的回忆写下来交给对方。两个人愣了一下,然后陷入沉默,片刻之后,开始低头在纸上写起来。

丈夫在纸上写着:刚认识时,你特别爱笑,而且特别节俭,舍不得吃外卖。和你一起逛商场,你总喜欢给我买衣服,自己却舍不得。那时,我挣的钱不多,你省吃俭用支持我学习,哪怕过节时没有收到我的礼物也不抱怨。后来,我们举行了婚礼,你很体贴我,虽然生活过得不是大富大贵,但从不和别人攀比。让我感到特别幸福的就是，下班回家总能看到你比我先到家，做好了我最爱吃的饭菜。

妻子在纸上写着：有一次我生病，夜里发烧，你一夜没睡给我用温水擦拭，物理降温。每月发了薪水，你都会交给我；你会把最好吃的留给我；我任性耍脾气时，你也非常包容，我那时候真的很幸福。

当夫妻俩看到对方的纸条时，都红了眼圈，不再强硬地坚持离婚了。他们发现，在一路走来的过程中，这些美好的回忆都已经融进了他们的生命中，只是在情绪不好时，把这些美好的回忆暂时忘记了而已。

要想挽回彼此的爱意，完全可以利用"回忆美好"这种方式。其实多数人都非常恋旧，非常珍惜自己的过去，要想守护婚姻，就要再次唤醒婚姻中的美好回忆，让双方对彼此再次心动。

爱的供应者和爱的保护者

夫妻应该成为彼此爱的供应者和保护者，应该互相支持、关心和激励，建立一种亲密的关系。

平时空闲的时候，有些人会问自己：我的婚姻幸福吗？是在

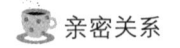

持续的争吵中勉强维持？还是在相敬如宾的状态里，早已相看两厌？而已经历过一次失败婚姻的人，则会问自己：是否还相信爱情，是否因为各种问题而惧怕再次步入婚姻？是否担心自己一直在苦苦追寻、等待，仍找不到心仪的伴侣？甚至会产生"就这样了，一个人生活挺好的，为了孩子放弃吧"等想法。

其实，这些都不是当事人的真实心声，因为每个人内心深处都渴望幸福圆满。每个人都有追求幸福的权利，婚姻失败并不可怕，可怕的是忽视问题。很多婚姻的失败、家庭的不幸福，其实都源于自己。婚姻中遇到问题时，不明确问题本身，不发现问题、解决问题、终止问题，自己不能实现持续成长，无论经历多少次婚姻，换多少个伴侣，都无法获得幸福。因为习性决定结果，每段婚姻的维系和经营，都需要我们付出和学习。

每种关系都需要爱与智慧来维系。在婚姻出现问题时，选择离开而不去找出问题根源，在自己没有成长的情况下再次进入婚姻，不一定就能迎来好的开始、拥有你想要的幸福结果。在不懂恋爱的年龄就开始恋爱，不懂婚姻经营之道时就步入婚姻，自己还没完全成熟，孩子就降生了，再加上身边某些人的误导，身边没有幸福的榜样，来自家庭的压力……这些问题，都是导致婚姻失败的原因！

其实，如果你想拥有幸福的婚姻，想找到婚姻中的合伙人和伴侣，想拥有一个甜蜜、温馨、有爱的家，想过好自己的人生，只要相信自己，就有可能实现。而要想做到这一点，就要成为爱的供应者和保护者。

在婚姻问题上，如果存在焦虑、掌控、打压、索取、消耗、担心或要求，就说明你的内心还深藏恐惧、狭隘、自以为是、好为人师等，只有生活在充满爱的世界里，婚姻中的问题才可能会自动消失……

婚姻出现问题时，夫妻二人的内心一定会备受折磨。其实，无论出于何种原因，只要内心还充满了痛苦、焦虑或担心，都无法看破生命的真谛，看不到存在的意义，无法活在爱与感恩中……

每个人都渴望安全感，都希望拥有良好的婚姻，犹如鸟类希望有个结实牢靠的巢一样。

所谓婚姻，其实就是心灵内在的家，往往越希望有一样东西能给自己带来安全感，这个东西就越不安全。试图通过营造一份良好的婚姻来让自己安定，其实这只是一种外在的努力，如果内心充满了不安全感，无论婚姻如何，都不能为你带来真正的安全感。就像一个心怀恐惧的人，即使让他自己待在一个安全的屋子里仍然会感到害怕一样，心中溢满恐惧，无论做什么，都无法平

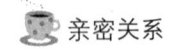

息自己的恐惧，要想解决恐惧问题，就要努力发现真相。

要想拥有安全的婚姻，就不能把全部精力都花在寻找外部因素上，与其在另一个人身上花双倍的精力，倒不如努力让自己变得强大起来。因为，安全的婚姻源于自身的强大。

只有了解自我内心，才能解决婚姻中的大多数问题，而工作、婚姻、家庭或教育小孩等，都只是认识和了解自我内心的具体途径而已。只有了解婚姻的本质，才能找到获得安全婚姻的途径。

了解了爱的供应者，那爱的保护者又是什么？就是当你找到了和你同频的另一半，为了得到真正的爱，同时也让对方的心里充满爱，让这种关系稳固地持续下去，你就成了爱的保护者。

爱的保护者要做好三件事情。

1. 爱自己

既然要做爱的保护者，就要将放在其他人身上的精力和目光收回来，统统放在自己身上。

生命中的多数爱与痛，都是因为我们将这一点本末倒置了：我们没有爱自己，渴望通过别人来得到爱，结果饱受伤害；我们不爱自己，却想要爱别人，结果因为自己不知道什么是真正的爱，给出的只有控制与依赖，只能把对方越推越远。

这些状态，在恋爱和婚姻当中，屡见不鲜。

在爱人或事物之前，首先要学会爱自己，要像渴望别人无条件地爱自己那样来爱自己。

你希望别人怎样爱你，你就怎样爱自己。

关注自己的需求，真正地认识自己、懂得自己、理解自己。

当你真正爱自己后，你才会有真正的爱，才有能力去爱别人，才会拥有真正的爱情和幸福。

2. 接纳自己和别人

很多的不爱都源于"不接纳"。

很多人认为，自己这里不好，那里不好，嫌弃自己、谴责自己、伤害自己，但实际上，这只是一个谎言。

在我们的生命里充满了"谎言"，而这些"谎言"大多都源于自信的缺失，而并非生命的真相。

他人没有得到过真正的爱，自然就无法给你真正的爱，让你误以为爱原本就应该是这样。

他人没有爱，不能给予你爱，你就会认为自己是不值得被爱的。

他人不接纳自己，自然就不能接纳你，让你认为自己不好、充满了缺点。

每个生命都不同，每个人的性格、世界观和价值观也都不一样，但这仅仅是不同，而非谁比谁差。

我们每天都会用太多的标准去衡量其他人，同样其他人也在用很多的标准衡量我们。这些标准，都源自我们对世界狭隘的认知。

在这个世界上，每个人都有自己的性格、特点、位置和生命轨迹，每个人都是不同的。这也正是生命的奇妙所在。你要明白：如果别人觉得你哪里不好、不接纳你，很可能并不是因为你有问题，而是因为他没有接纳自己。他连自己都不接纳，怎么还能接纳你？他连自己都不爱，如何来爱你？除非我们真的做错了，我们收到了要求自己改正错误行为的批评和建议，我们需要认真修正问题。否则，这些也只是带着个人创伤模式的评判和攻击。而那些带着对方创伤模式的评判和攻击，都源于对方也生活在缺失爱的生活中，并非你真的不够好、不值得被爱。

3. 去爱别人

我们要如己所愿地去爱别人，想让别人怎样对待你，你就怎样去对待别人。

每个人都需要爱，如果对方不爱你，你就可以先去爱他们。就像我们对着大山谷大喊："我爱你！"山谷也会回应："我爱你！"如果对着山谷喊："我讨厌你！"山谷也会回应："我讨厌你!"

因为你给予什么,就会收到什么。把自己想象成一个瓶子,当瓶子中灌满了爱,倒出去的一定是爱;将自己的爱让别人饮下,一旦别人体内充满了爱时,他们就会用爱来回馈你了。

生活中时刻保持爱自己也爱他人的本心,所有的思想和行动都向着爱去努力,生活就会被爱灌满,我们的心灵也会充满无限的爱。

如果你想获得爱,那就学习爱、成为爱、付出爱!

总之,夫妻之间应该互相成为爱的供应者和保护者,建立一种健康、平衡和充满爱的关系。